PAYMENT ECONOMY

支付经济

孔建国 ◎著

中国财富出版社有限公司

图书在版编目（CIP）数据

支付经济 / 孔建国著 . —北京：中国财富出版社有限公司，2021.5
ISBN 978-7-5047-7192-6

Ⅰ . ①支… Ⅱ . ①孔… Ⅲ . ①支付方式—研究—中国
Ⅳ . ① F832.6

中国版本图书馆 CIP 数据核字（2020）第 129292 号

策划编辑	谢晓绚		责任编辑	张冬梅　李　如		
责任印制	尚立业		责任校对	卓闪闪	责任发行	白　昕

出版发行	中国财富出版社有限公司		
社　址	北京市丰台区南四环西路 188 号 5 区 20 楼	邮政编码	100070
电　话	010-52227588 转 2098（发行部）	010-52227588 转 321（总编室）	
	010-52227588转100（读者服务部）	010-52227588 转 305（质检部）	
网　址	http://www.cfpress.com.cn	排　版	北京新海君风传媒策划有限公司
经　销	新华书店	印　刷	河北京平诚乾印刷有限公司
书　号	ISBN 978-7-5047-7192-6/F·3220		
开　本	880mm×1230mm　1/32	版　次	2021 年 5 月第 1 版
印　张	8.25	印　次	2021 年 5 月第 1 次印刷
字　数	165千字	定　价	68.00 元

30 多年前，中国支付刚刚萌芽，远远落后于世界发达国家；30 多年后，中国支付逆袭式发展，移动支付更是被誉为中国"新四大发明"之一，不仅渗透到国人生活的方方面面，还在海外引发广泛的关注。这曾被写进政府工作报告，作为国家软实力的代表之一，是国家的骄傲。

但是，我们要自豪而不自满。时代的车轮滚滚向前，我们所要面对的是全新的挑战和机遇：AI（人工智能）、TOT（移交—经营—移交）、区块链等各种新生事物、新技术层出不穷，技术引发的经济变革将进一步加剧；在全球化趋势和中国经济新常态条件下，中国市场面临挑战，经济发展速度放缓，已经是客观事实；供给侧改革、中国经济全面数字化是大势所趋；中国要将 3 亿中等收入人群变成中产阶级，内在的消费市场潜力依然巨大；"一带一路""人类命运共同体"——中国影响力正在不断放大……新的时代特质已经显现。

随着科学技术的迅猛发展，国际化合作竞争的加剧，商业博弈越来越集中在"智力博弈"。

随着智能终端和创新思想的结合，产生了新型的IoT（物联网）感知模式"群智感知"。

随着人类生活、商业的数字化，人们将越来越依赖"数据决策"。

随着中国特色社会主义市场经济的深入发展，商业在国家、企业、消费者之间将进行"两手反馈"，一手反馈政策要求，一手反馈市场情况。

随着中国影响力的全球深化，中国正在不断打造、形成自身的"发展名片"。

我们正在进入商业发展的新纪元。在这样的新时代面前，作为中国经济发展新名片的中国支付，有着天然的契合特质。

高新技术应用的前沿阵地，支付未来将越来越智能化。

支付系统既是市场基础设施也是人们的基础工具，新技术的应用将更全面地连接一切，更具群智基础。

支付系统上的海量数据可以帮助企业用户进行数据决策，助推企业用户数字化建设。

支付离不开监管，支付体系的建设牢牢立足市场需求，支付会是中国经济发展的"温度计"。

中国支付遍地开花，在全球影响力巨大，是中国发展新名片。

在这样的时代发展特质面前，如何巩固中国支付的领先地位成为业界当下思考的重点，支付创新与"走出去"将成为潮流。

如今，很多业内人士已经注意到支付的"中国标准"出海，它会是我国人民币国际化、金融和非金融国际化的一个重要基础，而国家在政策层面会更加重视。事实上，以支付宝、银联为代表的国内机构已积极"造船出海"，成功向东南亚、中亚等国家和地区输出技术、标准及经验，带动了当地普惠金融发展和数字经济转型。比如支付宝帮助印度第一大支付企业完善它们的设备和产品等。再如，中国银联主导定制的全球通用二维码支付标准，由国际芯片卡及支付技术标准组织（EMVCo）在官网正式发布。中国银联作为 EMVCo 全球股东会员单位，积极参与全球支付标准制定，在推动全球支付标准创新、促进中国标准与国际标准融合方面，发挥了重要作用。

而未来支付的发展趋势会是：

新兴技术不断融合，支付系统日益智能化、数字化。

政策监管＋风控系统，信息、资金、交易更加安全。

丰富的支付场景，多行业合作，加速业务模式创新。

生态化建设，下沉行业产业链，数字化服务实体。

支付将日益成为推进数字普惠金融的重要举措，同时支付系统将日益成为社会不可或缺的基础设施。

中国移动支付标准将推广至海外，超前于世界，引领全球支付潮流。

因此，没有什么比支付经济更具时代性、前瞻性。

本书作者深耕支付行业 10 多年，深谙时代特征和行业发展特点，其结合行业经验，全面分析经济、技术趋势，支付行业现状以及在新变革阶段的创新意识、方向、措施和遇到的痛点、难点等，并给出了行之有效的建议和方法，能为支付企业的创新发展和转型及中国支付"走出去"提供很好的借鉴及参考。

通过本书，我们还可以与时代潮流产生强烈的认知碰撞，洞察发展先机；我们会懂得与市场信息建立直观连接，启迪商业模式创新；我们会对变革未来拥有一定预判能力，顺应趋势防患未然——本书亦会拓展你在商业上博弈、感知和决策、反馈的新视野！

自序
支付中的中国魅力

《支付革命》一书曾这样写道：

"在银行卡领域，中国落后欧美20年；在芯片时代，中国落后欧美5年；而在互联网支付领域，中国与欧美的差距仅有1年甚至更短。"

这本书出版于2014年，实际上业界公认目前中国的移动支付发展水平已经在浪潮之巅，移动支付是一个典型的后来居上的中国故事。

在欧美发达国家，信用卡支付距今已大半个世纪，支票的历史则长达几百年，而新中国第一张银行卡出现在1985年。20世纪90年代末，随着计算机网络技术、电子商务等行业的快速发展，完善的信用卡保障机制、金融支付系统、发达的物流体系极大促进了B2B（企业对企业）、B2C（企业对消费者）、C2C（消费者对消费者）等网上交易模式的发展，美国第三方支付系统由此产生、兴起；1991年，中国人民银行建成全国电子联行系统，至此，中国的支付体系才初步形成。20 世纪 90 年代至 2002 年，是中国第三方支付的萌芽期。

但是谁也没有料到，几年之后，恰恰是没有信用卡、支票支付习惯的中国，在步入移动互联网时代后，移动支付异军突起，并以摧枯拉朽之势席卷全球，影响世界。

2005 年至 2012 年，互联网浪潮推动中国第三方支付爆炸式增长，第三方支付机构在提供基础支付服务的同时，开始向用户提供各种类型的增值服务，如缴费、转账、还款、授信等，第三方支付的概念逐渐被大众所接受。

2013 年至今，移动互联网浪潮孕育了支付方式的重大变革，以智能终端和移动网络为依托的移动支付风起云涌，第三方支付与保险、信贷、证券等金融业务的新一轮渗透、融合开始步入快车道。

这期间，虽然全球支付市场冷热不均，国内外情况差异很大（如美国存在已久的信用卡和支票体系限制了其移动支付的全面推进和落地，其他欧洲国家也存在着类似的情况），但是无现金化已成为近几十年全球各国商业发展的大趋势。中国移动支付开始席卷全球，正在成为一种世界性的时代潮流（如微信支付广告遍布日本机场，全球规模金融机构之一的英国巴克莱银行与支付宝达成协议，将其覆盖的超 11 万英国商家接入支付宝），移动支付的普及也意味着数字支付时代的开启。

　　然而，"进化"永不会停止，在中国的世界影响力不断扩大的同时，中国支付也在开启新一轮的发展变革。

　　自 2018 年起，金融科技、产业互联网、To B（面向企业）成了我们无法忽视的时代浪潮，中国的第三方支付正在进入一个新技术、新金融、新体系、新格局不断涌现的重大变革阶段，第三方支付竞争也步入深水区，将在技术、模式、生态上层层演进。

　　随着 IoT、云计算、大数据和 AI 为代表的新一代信息技术与支付的加速融合，从密码支付、生物指纹识别发展到刷脸支付、无感支付，支付创新不断提速，但对于一个支付企业来讲，仅仅依靠通道业务本身并不够，还需要在支付的基础上叠加信贷、账户营销等增值服务，让支付成为一个基础性的服务平台。同时，越来越多的支付企业将产业链上下游以及不同的金融机构融合，构建自己的生态系统。这样的发展趋势，不仅为用户提供了基于场景的无缝高效交易服务体验，改变了人们的支付方式和生活方式，也为商户企业的数字化过程提供助力。

　　数字表达物品、行为乃至思想，数字化基础设施加速构建，新兴技术应用"百花齐放"，数字经济发展大幕拉开……全球数字化浪潮清晰可见、奔腾而来，各国都在加速步入数字化社会。随着互联网、大数据、IoT 等数字化的基础设施和能力的加速构建，中国经济发展步入新时代。在这股浪潮中，支付"凝结"数据和技术，正在与经济、社会等方方面面深度融合，加速催生实体经济领域的新面貌。

至此，支付已经不再是交易的"终点"，它是变革生活方式、打通商业闭环、服务实体经济的"连接器"，是中国数字化和智能化的"起点"。而支付内在的多元化参与者、数据要素、技术要素，内生的商业模式、生产业链条、数据演化以及外在的影响和变革意义——支付正在演变成一种经济现象，即支付经济，就像本书序章中"支付经济概念"一节中所讲：

支付经济是对支付这一行为本身的价值挖掘、转化与实现，核心涉及支付市场、支付行业、产生效益（效率）原理、产业内在经济运营规模以及支付工具等——支付的价值超越支付本身。

因此，我们应当把握时代特征和行业特点，重新认知支付的作用，通过支付充分认识中国技术、中国模式、中国发展的独特魅力，在变革中谋求支付行业新的创新和发展，继续引领世界。

当今的中国正在按照新的发展理念奋力转型，又恰逢全球技术革命新浪潮和数字化浪潮，一个个由技术与资本共同支撑的中国梦有了落地的时代机遇。遇到这样的时代机遇，我们很幸运，也当以奋斗注脚，以担当诠释，做新时代的"筑梦者"！

目录
CONTENTS

序章 | 支付的前世今生

从以物易物的支付 1.0 到移动支付的支付 4.0，支付是人类经济发展的缩影。在支付的进化轨迹中，我们不仅可以窥探人类文明的发展历程，也正在预见一个新经济现象的未来……

第一章 | 风口风云

信息时代，"地球变平了、变小了、变热了"，在这样的背景下，金融科技的颠覆性冲击、B 端市场的今非昔比、多方势力的并驾齐驱——风口之上，支付经济风起云涌，变局将至。

第二章 | 形态演变

支付正处于前所未有的变革洪流中，已经不单单是消费中的一个环节，而是置身于具体消费场景中的一种经济手段，用户对支付和多种支付场景产生了理念化的新关联，支付的形态已经从认知、行为、方式这三个方面开始演变、进化……

第三章 | 价值进化

从连接人与服务到连接万物，从自成产业链到深耕B端产业链，从自成体系到生态建设，支付经济价值已经开始进化，这些真切的日常便捷体验以及带给商业场景的高效创新，不经意间，已成为数字中国和智慧生活的新注脚。

第四章 | 规律把握

任何行业规律都是长期演进的结果。这种演进中有时代的冲击，有认知的革新，有市场的纷争。在支付下半场开启之时，支付行业金融之"道"与盈利之"法"并进，新一轮发展规律逐渐显露清晰。

第五章 | 技术智造

大数据将会给支付行业创造什么样的价值？AI、IoT如何影响支付行业乃至整个社会？区块链为传统支付行业带来挑战还是革命？从IT到消费互联网，再到目前渐成潮流的产业互联网，技术主导的商业革新正日益成为支付变革中的强大推力。

第六章 | **系统建设**

> 支付系统之于经济社会，犹如血脉之于人体。社会资金（血液）通过支付系统（血管）输送给社会各个实体，满足实体生产生活需要，疏通微观经济和宏观经济的运行。经济社会越发展，支付系统越重要。

第七章 | **B 端布局**

> B 端市场虽是风口乍起，却已"吹皱一池春水"，各方势力运筹帷幄，龙战于野。支付企业想要成功入局，需要掌握合理的布局方法，并外修"支付 +SaaS"，内修"数据 + 金融"，方不会被风口吹远。

第八章 | **升级迭代**

当今时代，世界善"变"，市场善"新"，要么以"不变"应"万变"，要么以"万变"应"不变"，如此方能善"活"。而"不变"在属性，是尊重特性，是遵循规律；"万变"在方式，是产品迭代，是业务升级……

第九章 | **监管"格心"**

当风口与乱象并存，当利益与良知冲突，当行为与规则越界——支付经济的健康发展需从外监管，从内"格心"，内外兼修，从而"诚取天地正气同人间暖凉，法引规矩方圆律世间万象"。

后记

支付的前世今生

从以物易物的支付 1.0 到移动支付的支付 4.0，支付是人类经济发展的缩影。在支付的进化轨迹中，我们不仅可以窥探人类文明的发展历程，也正在预见一个新经济现象的未来……

PAYMENT ECONOMY

1

人类支付进化简史

几千年前，人类需要牵着一只羊或挑着一担粮食才能"买"到东西。几千年后，我们只要一部手机，手机里的"数字"就能买到东西。

支付行为古已有之，如今更是我们每天都在进行的一种频繁的交换行为。它不仅仅是"付钱"这样一个简单的动作，而是穿越了千年，深刻地影响着人类商业活动的环节之一，润物细无声地推动着人类经济社会的变革和发展。

在人类社会漫长的发展历程中，物质资源、信息资源和能源资源被称作支撑人类文明和进步的"三大支柱"。对这三大资源进行整合、调配是人类的商业行为，而人类的一切商业活动都始于交换。

起初，人类从灵长类动物进化为人，逐水草而群居，以"流浪"、狩猎、采集为主要生存方式，生产手段简单、粗放，依靠自然资源而生存。此时人类的需求也很简单，只是为了生存。但哪怕最为简单的需求也有着交换的动机，比如为了追求食物的丰富性，A 部落可以用多余的肉前往 B 部落交换一堆野果。当然，此时的交换非常有限且单一，但已为人类商业发展埋下了一颗种子。

大约到了公元前 3000 年，人类开始大量发明和使用工具，男耕女织，通过劳动创造去改变周围环境并定居，人类生产力有了质的提高，自给自足之余的农产品可以用来交换。随着农产品的简单交换和聚集，出现了简易的集市，简单的手工业也开始从农耕中逐步分离，物质资源更为丰富，以交换为目的的商品生产和市场交换随之产生并逐渐繁荣起来。

建立在农耕和手工业基础上的商业催生出集镇、城市。手工业和集市商贸使人类的生产方式和经济形态再一次发生变革，不但分工细化、专业化，而且开始摆脱自给自足、物物交换的小农生产状态，开始用手里的工具改造世界，生产的直接目的变成了市场交换。此时，农民、木匠、医生、战士……专业的务农、非农及手工业工作者如何交易，"筹码"成了问题。

比如木匠打造了上百种家具，不同家具需要分别确定对应多少小麦、大米、白菜……令人非常困扰，而且防火、防水、防盗都是问题，搬迁也是问题。因此就有了贝壳、盐、布料等交易媒介，物物交换进化成媒介支付，这种媒介支付支持了从一地到另一地的复杂商业网络以及蓬勃的市场机制，并最终形成了金银货币，从而使人类的财富观念、财富创造、财富积累方式发生了巨大变革，开创了人类经济活动货币化新时代。

15世纪开始，人类社会经历大航海和工业革命，极大地推动了商品贸易的活跃，商业扩张、市场扩大、商品关系和商业组织的发展，物质资源、信息资源和能源资源进入全新分配、整合时代。为了适应商品交易和异地、异国贸易，金融工具（如汇票）、金融结算、银行业等有着空前的发展，人类经济发展水平和商贸活力日益提升。

进入21世纪，在互联网信息革命之后，特别是在全球化浪潮之下，人类世界某种意义上演进为一个由商业创造的世界。处处皆生意，几乎每一个地方、每一个组织甚至每个人，都在制造、销售或发明创造商品，人与人之间的"买卖"更为频繁……

从上述的简单描述中我们可以看到，人类文明的进程由商业文明主导，商业的本质是交换。而支付既可以视为交换的本身（如直接以物品交换物品），也可以视为交换的重要环节（如货币结算，完成交换物品或服务的购买）。它始终贯穿人类文明发展始终，发挥着重要作用。随着人类社会文明的演进，支付也从1.0进化到了4.0，支付方式发生了翻天覆地的变化。

■ 支付 1.0：以物换物

远古时代，面对面的物物交换是当时人类进行支付的主要手段。但是在这种交易过程中难免出现一系列令人头疼的问题，比如物物之间不等价、携带麻烦、不易保存等，人类很快就"厌倦"这种烦琐且费力的交换方式，开始寻求一种有着共同价值认可的物品当作交换媒介，于是产生了作为交易媒介的货币，进入支付 2.0 时代。

■ 支付 2.0：货币支付

由于贝壳颜值高、体积小、坚固耐用，具有大小适中、携带方便、易于计数等特点，就逐渐充当了商品交换的一般等价物。但是贝壳并不是十分理想的，人类并没有停止试用其他货币，直到贵金属出现。

贵金属材料除了做礼器、装饰、工具，还具有易携带、易保管、易分割、无损耗、珍稀、价稳等特点，比贝壳等更适合做货币。于是，贝币和其他货币逐步退出历史舞台，贵金属确定了自己的历史地位。其中，价高的金银，被铸成金币和银锭，用于大额交易；而价低的铜，被分割铸成小块的铜钱，方便小额交易。

此时，人类脱离了原始社会，开始逐步形成大型部落，出现了国家，国家把持着钱币的制造，也把持着经济的命脉。

如我国秦汉时期，秦统一六国后，统一了货币，规定以黄金为上币，以圆形方孔铜钱为下币。秦朝圆形方孔铜钱是世界上最早的政府法定的货币。

■ 支付 3.0：纸币支付

虽然几千年来金银在支付中占据着主导性地位，但是产量、分割、携带都是问题，于是 1023 年，北宋年间出现了交子，也就是中国最早的纸币，作为金属货币凭证，不过那时大多为"钱庄"自身行为，基本上不能大范围流通。

蒸汽革命之后，人类进入了工业阶段，才产生了真正意义上的纸币。一方面，随着商品经济的发展而产生的对货币数量的需求增加，但金银采掘量有限，纸币的发行在一定程度上解除了流通中金银铸币数量不足对商品交换的束缚；另一方面，国家对经济的控制力、影响力极大加强，信用度提升使其发行的法定货币作为支付手段的职能随之扩大。人类真正步入纸币支付时代，人人出门带纸币（现金），如英镑、美元、人民币，买卖东西都围绕着现金进行，支付方式有即时支付和递延支付，并衍生出了票据、支票等形式。

纸币支付讲究钱货两清，是交易中最简单的价款支付方式，很长一段时间里纸币承担着非常重要的角色。但这一切在移动支付出现后发生了变化。

■支付 4.0：移动支付

人类进入 21 世纪，信息技术空前发展，在云计算、大数据的冲击下，诞生了一系列的支付创新，出现了二维码支付、近场支付、光子支付、声波支付、生物识别支付等新型支付技术，人类进入移动支付时代。

移动支付将互联网、终端设备、金融机构有效地联合起来，形成了一个新型的支付体系，并且移动支付还可以缴纳话费、燃气费、水电费等生活费用。新的支付体系带来了新的产品和服务，而便利性正是推动这种体系不断演化的力量之一。

可以说，移动支付开创了新的支付方式，纸币逐渐从我们的视线中"消失"，电子货币❶进入大家的视野中，大家手中的纸币，逐渐演变成了移动终端设备里的一组数据或服务，且操作简单、快捷。

同时，区块链技术快速发展，数字货币开始进入大家视野，各个国家、银行纷纷开始推进数字货币建设，这种货币价值稳定、没有价格波动、不具备炒作空间、点对点到账。数字支付将会极大地影响我们的生活。

---

❶ 电子货币：Electronic Money，是指用一定金额的现金或存款从发行者处兑换并获得代表相同金额的数据或者通过银行及第三方推出的快捷支付服务，使用某些电子化途径将银行中的余额转移，从而能够进行交易。

历史的发展是不可逆的，一部支付史就是货币史乃至人类商业史的缩影，也蕴含着人类的"未来史"。未来货币会越来越数字化，人类将更加专注于自己生活得便利而自由，新的支付在这样的土壤中开枝散叶，人类的商业活动将更加网络化、数字化，从而形成新的文明形态。

激荡70年

　　时间是最伟大的书写者，忠实地记录着奋进者的步伐。

　　1952 年世界第一张银行卡问世，1985 年中国才出现第一张银行卡❶，10 年后，我国才真正意义上推出标准信用卡❷。

　　也许曾经落后于世界，风雨 70 年，票据时代之后，中国用了 30 多年时间打破贫穷一跃成为全球第二大经济体，并始终保持着强劲的增长势头：我国经济总量从新中国成立之初的 600 多亿元到 2018 年突破 90 万亿元大关，是世界第二大经济体、世界第

❶ 1985 年，中国银行珠海分行发行了国内第一张人民币信用卡——中银卡（准贷记卡）。中国第一张信用卡 [EB/OL].[2008-11-17][2020-09-15]. http://www.boc.cn/aboutboc/ab5/200811/t20081117_10242.html.

❷ 1995 年，广发银行察觉到经济环境和消费需求的变化，结合国际经验率先在国内推出了第一张真正意义上的标准信用卡，正式将信用消费模式引入中国。

一大工业国、第一大货物贸易国、第一大外汇储备国……

70年来，从票证到现金到今天的移动支付，支付作为国民生活的重要环节，见证了这个奇迹诞生的过程。

新中国成立初期，历经磨难的中国生产力水平十分低下，国民经济实力十分薄弱，现代工业很少，粮食和商品供应远不及需求，加上私商投机，各种物品出现了严重的供需矛盾。

为了有效地集中全国的经济力量，保障人民生活与国家建设所需，我国政府开始了计划供应。

最早实行凭票证供应的是粮食，1955年粮票首次被推出，每个月由生产队定时发放，可全国通用和地方流动。于是有出差、求学需求的人群，都要事先换取全国粮票方可出门（现在不少"60后""70后"对此可能还记忆犹新，不少人家里也许还存有一两张粮票和油票）。

粮票的发行标志着我国进入了长达39年的票证支付时代，政府发放换取粮、棉、布、油、副食、煤炭、染料、家居自行车（工业券）乃至香烟、肥皂、火柴、针头线脑等人们赖以生存的最基本物资的票证。在这39年中，各种票据都被称为"第二货币"。

凭票供应并非我国独有，苏联在十月革命后曾采取战时共产主义政策，有计划地分配商品，美国面对第二次世界大战时期的商品紧张也曾发放了不少商品票证。这样的支付方式都是特殊时期、特殊经济条件下的产物。而这确实保障了供应，满足了人们的基本生活需求。

1978 年党的十一届三中全会提出实行改革开放，国家逐步缩小了消费品定量配给的范围。到 1983 年，国家统一限量供应的只有粮食和食用油两种。1985 年，农产品统购派购制度被取消。1992 年至 1997 年，票证支付终于结束了它的特殊使命和流通历史❶，纸币成为支付的主导。这一时代的结束预示着中国由计划经济的短缺时代走向市场经济的过剩时代。

事实上，早在 1948 年 12 月 1 日，于石家庄市成立的中国人民银行就统一发行了新中国第一套人民币。只是在按需供应的年代，现金无法独立、完全地发挥其支付功能。直到票证时代结束，1987 年发行的第四套人民币才全面"崛起"，成为很多人对"钱"的第一印象，那时的"百元大钞"也名副其实。

随着钱的流行，综合性金融工具——银行卡开始走上历史舞台。继 1985 年新中国第一张银行卡发行之后，1991 年中国人民银行建成了全国电子联行系统，并逐渐建

❶ 新中国票证制度的确立 [EB/OL]. (2015-04-25)[2020-09-15].http://www.doc88.com/p-9157242073125.html.

立了以中国人民银行跨行支付系统为基础，以银行业金融机构支付系统、票据支付系统、银行卡支付系统为补充的全国性支付网络体系。很快，银行卡、信用卡、ATM机（自动柜员机）等投入使用，以银行卡为代表的非现金支付工具进入大众视野，与现金一同成为主要的支付方式。

另外，随着中国加入WTO（世界贸易组织），中国深度融入全球经济体系，中国经济的快速增长使银行的经营环境转好。2004年银行实行了脱胎换骨的体制改革，建立了符合市场经济的商业银行治理机制，使银行的风险管理能力及经营能力大幅提升。如今，银行卡已成为商业银行向个人提供综合金融服务的基础工具和重要载体。

随着人们对社会主义市场经济认识的逐步深化，以及改革开放进程的不断推进，中国金融也开始从计划经济体制向市场经济体制转轨，中国经济不断发展与信息技术不断进步，支付再次发生变革。

1999年，中国进入电商元年，很快电子商务崛起，这让人们对支付系统效率和服务的要求越来越高，便利的网上银行支付服务应运而生，电子银行成为商业银行发展的新方向。同时，第三方支付暗流涌动。阿里巴巴、慧聪等B2B平台将线下的商务交易转移到了互联网上，这种网上交易方式在信息管理、中介服务以及交易平台等方面展现出巨大优势。

2005年，在达沃斯世界经济论坛上，阿里巴巴创始人马云首次提出第三方支付平台的概念，2005 年也成了第三方支付元年。随着计算机技术的普及和应用，特别是互联网的兴起，电子商务迎来了集中爆发期。随后，2009 年国家开始大规模部署 3G（第三代移动通信技术）移动通信网络，移动时代连招呼都不打，说来就来，手机成为人们时刻在线、可移动连接世界的工具，第三方支付平台如雨后春笋般涌现。由于没有配套的监管政策，第三方支付从野蛮生长演变为乱象丛生。

于是在 2010 年，央行出台《非金融机构支付服务管理办法》（中国人民银行令〔2010〕第 2 号），确立了第三方支付相关配套管理办法和细则，通过审核发放第三方支付牌照的方式，把第三方支付机构纳入国家金融监管领域，并规定无支付牌照的第三方机构不得从事支付相关业务。

随后中国移动支付迎来百家争鸣、百花齐放的蓬勃发展，支付也从刷卡到扫码再到刷脸，历经一系列变革……这场变革是中国技术的变革，也是中国人生活方式的变革。

如今，为了紧跟时代发展步伐、助推数字经济发展，经过长达 5 年的研发工作，中国版数字货币 DCEP（数字货币与电子支付）蓄势待发，由此，中国有望成为全球第一个顺利发行央行数字货币的大国，人民币的主权货币地位在数字经济时代将会得到进一步巩固。

从持续了近 40 年的计划经济下无比珍贵的粮票，到改革开放时期塞满钱包的现金，再到 20 世纪末 21 世纪初各大银行发行的银行卡，以及如今的移动支付、央行数字货币，都体现了支付是经济发展的缩影，支付行业的创新改变了我们的生活及消费习惯，而其背后是中国改革发展的内在逻辑。

■ 立足国情实际，走渐进式改革道路

从过去的计划经济转向市场经济并谋划下一步发展时，需要一个转变、适应的过程，很多传统思想在短期内很难消除，而中国的社会主义市场经济并没有可参考、借鉴的案例，因此"摸着石头过河"的渐进式改革更适合中国国情。

在摸索阶段（1978—1993 年），一方面，我国重视自下而上式改革，让实体经济企业实现自主经营、建立现代企业制度、形成规范化公司治理等，金融业才能加快推进自身的改革开放，跟上实体经济改革步伐；另一方面，金融开放主要围绕着引进外资展开，采取"内无内债、外无外债"的保守政策。

■ 坚持市场化取向，稳步推进改革发展

市场经济要求等价交换，经济主体的努力和创造力与其物质利益挂钩，能最大限度调动市场主体的积极性，这也是市场经济效率的源泉。

因此，中国坚持市场化取向，按照界定产权、政企分开、依法治国、激励相容、社会监督这五个市场经济特征稳步推进各项政策。同时，国家一方面持续扩大市场经济的开放程度；另一方面加强监管，利用宏观调控根据经济形式变化灵活适度调整。

■ 坚持问题导向，一切从实际需要出发

我国的改革一直立足国情实际。

从计划经济转向市场经济有三个短缺。

首先缺资本，资本不足将严重影响金融机构的健康发展，因此需针对金融机构资本不足、治理不完善等问题对专业银行进行商业化和股份制改造。

其次缺竞争，对市场经济来说，其本质是建立在激励约束机制的基础上，通过竞争发现价格，进而通过价格引导资源优化配置，促进经济走向繁荣，这就需要推进利率、汇率市场化改革，发展多元化、多层次金融机构体系，通过竞争提升效率。

最后缺开放，市场经济的本质是打破封闭走向开放，扩大开放程度可以促进竞争，因此需要推动贸易与投资的自由化、便利化和汇率市场化，降低市场准入门槛，逐渐使竞争机制和市场机制得以普遍使用。

如今，金融改革作为整个经济体制改革的重要组成部分，始终伴随着社会主义市场经济体制改革，尤其是实体经济改革开放而持续推进，与整体经济体制改革进程相衔接，与之配套并为之服务。

我国经济的发展成果得益于党中央、国务院对国家经济建设的坚强领导，得益于我们波澜壮阔的经济社会改革实践，得益于我们走中国特色社会主义发展道路的高度自信。在安居乐业的国度，每一次支付都是期待和向往，期待物美价廉的产品，期待良好的服务，期待融洽的人际关系，向往更高的生活质量……商业银行、清算机构、支付机构等"侠之大者"理应为国为民，在中华民族伟大复兴的道路上和所有人风雨同行。

3 支付经济概念

2016 年在支付领域有两件大事：一是腾讯以市值 16081 亿元超越了市值 15718 亿元的中国工商银行；二是微信支付仅用 3 年就超越支付宝。

每一个标志性的事件背后都有着深刻的道理。这两件大事向我们揭示了一个重要信息：不仅互联网时代的支付手段在协助消费方面起到了巨大的作用，而且支付这一行为本身也在产生经济效益，甚至形成产业链——支付已然成为一种新的经济现象，即支付经济。

20 世纪末，互联网崛起，中国几家大型的互联网综合门户网站诞生，互联网经济横空出世；2010 年前后，随着 Uber（优步）、Airbnb（爱彼迎）等一系列实物共享平台的出现，共享经济一时独领风骚；从 2016 年开始，分答、知乎 Live 等一系列标志性的平台出现，内容付费渐渐成为时尚，知识经济猛然闯入大众视野……我们会发现这些年来各类"经济热词"层出不穷。

那么，为什么这些能够被称为"经济"？

经济是价值的创造、转化与实现。

人类的经济活动就是创造、转化、实现价值，满足人类物质文化生活需要的活动。

对应以上概念，我们可以发现，互联网、共享、知识付费都实现了价值的创造、转化和实现，并满足着人类物质文化生活需要。比如共享，为人们闲置资产的使用、处理、分配提供了一个整体动态化的新方案，实现了闲置资产的价值创造。

风水轮流转，以 IoT、大数据等为代表的数据革命方兴未艾，互联网驱动作用从"波浪式"转向常态化，成为全球经济发展强大而稳定的引擎，支付乘着这一波风潮，从支付本身走向"支付经济"。

其实早在人类告别物物交换的时代后，货币资金就成为经济体系正常运行所必需的血液，而支付方式是输送血液的管道，是实现债务清偿和资金转移不可或缺的基本载体。

从一般意义上说，只要有交易就会有摩擦。作为商品和劳务交易的关键环节，支付过程中自然也会产生各种摩擦、风险与不确定性，于是市场中的各类经济主体始终在寻求更高效、更安全的方式来处理自身的支付事务，以期降低交易成本，应对交易风险。从这个意义上来说，由支付、清算和结算系统构成的市场基础设施网络正是对应货物与金融交易出现的一种"公共物品"，事关资源配置效率、市场规模扩展、市场体系的正常运转，加之支付市场的开放，围绕需求，价格、竞争等逐渐成形，支付本身正发展成为一种产业。同时，互联网的普及和电子信息技术的进步使得新的支付方式、工具、服务层出不穷，基于互联网的支付机制开始建立，新技术正在重塑全球支付产业。

自 2005 年支付行业创立以来，我国支付行业的生存形态一直是以支付手续费利差为主要获益点。2008 年，汇付天下在航空机票领域率先推出的信用支付（本质上是信用贷款业务）以及 2013 年支付宝推出的余额宝产品打破了这一传统，巨大的资金业务利差以及金融衍生品销售返佣足以弥补占比极小的手续费成本，所以出现了对航空票代、基金公司零收费的先例。

长期以来，在一些金融从业者和监管者眼中，支付清算似乎是一个边缘领域，其作为重要的金融基础设施和富有创新活力的新兴产业的作用并没有得到充分重视。但是在学术领域，"支付经济学"已作为一个严谨的理论开始被论证。

早在 20 世纪上半叶，凯恩斯就强调了解决支付清算问题对于全球经济的重要性；进入 80 年代，支付清算问题开始为主流宏观经济学家所关注；90 年代，以支付经济学为主题的学术研究开始出现；进入 21 世纪，随着新经济泡沫、"9·11"事件、次贷危机、欧债危机等突发性重大事件爆发，中央银行家们对支付清算的重要性开始有了新的认知❶。

因此，何为支付经济？

支付经济是对支付这一行为本身的价值挖掘、转化与实现，核心涉及支付市场、支付行业、产生效益（效率）原理、产业内在经济运营规模以及支付工具等——支付的价值超越支付本身。

支付经济包括金融、银行、商业、中介等诸多领域，影响着线下实体及线上虚拟消费行为，借助互联网更为便捷地满足了人们不断变化的生活习惯，作为产业链其本身也在不断地创造利润。

支付经济的发展有三大要素：以"数字"为关键性生产要素；以技术为效率提升和结构优化的重要推动力；以前沿知识和"良心"为迭代动力。

■ 以"数字"为关键性生产要素

今天的人类通过大数据的识别—选择—过滤—存储—使用，引导、实现资源的快速优化配置与再生，实现经济

---

❶ 董昀. 支付经济学：起源、发展脉络与前沿动态 [J]. 金融评论，2016 (4).

高质量发展，"数字"已然成为非常重要的生产要素，对支付经济来说更是如此。

支付经济很大程度上流通的是"数字"（金额），信息（如服务需求）的获得依靠的也是"数字"，做出变革的也是"数字"（如推出新服务）。另外，需求方对支付工具和服务的选择是支付经济创新的决定性因素，在对"数字"的分析中，往往蕴含着极大的市场信息。因此，我们需要在宏观层面对支付经济的形态演变、价值进化和规律把握有更为前沿的认知。

■ 以技术为效率提升和结构优化的重要推动力

大数据、AI、区块链等互联网技术和应用的普及不但改变着人们的生活方式、生产方式，更重要的是深刻地改变着人们的思维方式和行为方式。

在这样的背景下，支付领域和支付市场早已发生了一系列变革，支付经济不仅以现代化信息网络作为重要载体，更是在技术、体系、布局上发生了深刻的变化。

■ 以前沿知识和"良心"为迭代动力

技术创新与金融的稳定，新技术的变革与法律、监管体系都会对支付产业形成巨大的冲击，我们应当力求在变革的过程中同时寻求它们之间的和谐。

为了实现这一目标，我们不仅要思考支付经济的图景将如何变化，国家政策重点关注哪些领域之类的问题，更要规范好自身，严守道德、法律底线。

其实，以上三点也是本书内容架构的核心基础，力求全面而丰富地展现当今支付经济新形态，为构建中国特色的支付经济提供有益的理论要素和事实基础。

第一章
风口风云

信息时代，"地球变平了、变小了、变热了"，在这样的背景下，金融科技的颠覆性冲击、B端市场的今非昔比、多方势力的并驾齐驱——风口之上，支付经济风起云涌，变局将至。

PAYMENT
ECONOMY

1

"千面"金融科技

金融从来离不开科技，尤其是每个时代的前沿科技，其甚至催生着新的"产物"。

移动互联网技术的快速渗透极大推动了互联网金融的发展。很快，AI、VR（虚拟现实）、生物验证等技术的突破又迅速激发了金融科技的兴起。

如果互联网金融是"互联网＋金融"，那么金融科技便是"金融＋科技"。今天金融科技正在取代互联网金融，引领风骚。

金融科技的概念看似简单，其实背后有着极其丰富的内涵。

2013 年余额宝诞生让国内金融行业第一次强烈感受到了互联网的冲击，金融行业和互联网行业自此交汇、互相赋能，"互联网金融"一词备受追捧，更是在 2014 年至 2018 年中连续 5 次被写进我国政府工作报告。

然而，在 2018 年，越来越多的相关公司开始淡化这一概念，甚至纷纷改名，比如京东金融改名京东数科、百度金融起名度小满，努力靠向更为火热的一个新词汇——金融科技。

那么，什么是金融科技？

金融科技目前尚未有明确的定义，一千个人眼中可能会有一千个金融科技。

对一些普通人来说，金融科技就意味着"金融＋科技"所带来的更为便捷、丰富的金融服务。

对于一些银行人来说，当他们提到金融科技时可能会大谈特谈 IT（互联网技术）流程改造，也会谈一些大数据和区块链应用。在他们眼中，金融科技是可以提升金融服务效率的技术、硬件和渠道。

对于一些互联网金融行业创业者来说，他们会谈论大数据风控、流量变现，甚至是 P2P ❶ 平台核心业务——信贷撮合，他们会一再强调自己是一家金融科技企业。

而互联网金融巨头则会谈云计算、区块链、大数据、AI 等的布局，在它们看来，金融科技是用于赋能金融的 IT、技术和流量，它们对金融机构的赋能便是金融科技的最典型应用。

---

❶ P2P：Peer-to-Peer 的缩写，意即个人对个人（伙伴对伙伴），又称点对点网络借款，是一种将小额资金聚集起来借贷给有资金需求人群的一种民间小额借贷模式。

这些观点对，但并不全面。

金融科技是舶来品。凭借谷歌、苹果、Facebook（脸书）和亚马逊等科技巨头，美国在 21 世纪初的全球科技竞争中处于领先地位，同时美国金融行业世界领先，这些专注于技术的初创公司和市场闯入者应用现代科技从事金融业务创新。

例如，美国商务部认为，利用软件和技术提供创新金融服务的金融科技公司，通过降低金融成本、延展服务范围，将改善整个金融行业的面貌。于是 Financial（金融）与 Technology（科技）一经合成便有了"金融科技"。

而此时正是中国互联网金融的崛起之时，传统金融机构与互联网企业交汇、融合，产生了新型金融业务模式。另外，数字经济浪潮促使各国在科技竞争领域重新洗牌，中国开始成为全球金融科技的先行者，其为中国经济增长注入了新的动力，中国已经为迎接金融科技做好了准备。

因此，金融科技与互联网金融并非迭代关系。

互联网金融，落脚点在"金融"，是传统金融机构与互联网等科技企业利用互联网技术和信息通信技术实现资金融通、支付、投资和信息中介服务的新型金融业务模式，本质仍属于金融，受到监管。

金融科技，根据 FSB（金融稳定委员会）的定义，金融科技主要是指由大数据、区块链、云计算、AI 等新兴前沿技术带动，对金融市场以及金融服务业务供给产生重大影响的新兴业务模式、新技术应用、新产品服务等。

前面提到的一些互联网金融创业者的理解并不全面，金融科技不是现金贷，也不是P2P，他们不过是将金融科技当成门面。毕竟金融属于强监管范畴，科技属于国家鼓励发展行业。

金融科技一出现就成为持续性热点，并且受到越来越多企业和个人的重视。在先驱者中，支付企业当仁不让，绝对算十分重要的一员。

除了较为知名的支付宝（蚂蚁金服）、财付通（腾讯FIT）、网银在线（京东数科）外，众多持牌支付企业也正在积极布局金融科技领域。普华永道发布的《2016年全球金融科技调查报告》显示，彼时已经有84%的支付企业将金融科技作为自身的战略核心，35%的支付企业已经创建了自己的金融科技子公司。❶同年，麦肯锡也发布报告称金融科技企业已经遍布各个领域，尤其是支付领域。

当然银行也没有闲着。随着各家银行2018年的业绩报告陆续出炉，金融科技成为高频词汇，已经渗透到银行多个业务板块。

根据《证券日报》的统计，国有大型银行中，中国工商银行、中国建设银行、中国银行、中国农业银行、交通

---

❶ 调查报告：仅有4%支付公司尚未涉及金融科技（附报告全文）[EB/OL].
(2016-09-01)[2020-09-15]. http://www.sohu.com/a/113121675_195364.（有微调）

银行、中国邮政储蓄银行在 2018 年年报中提及金融科技的数量分别是 15 次、64 次、7 次、21 次、21 次和 3 次。此外，平安集团甚至将原 LOGO（商标）中的"保险、银行、投资"六个字改为"金融、科技"四个字。放眼全球，包括花旗、高盛和摩根大通都在积极投资金融科技公司，涉及数据分析、支付以及个人理财等类型。❶

在支付行业监管趋严、市场竞争激烈的背景下，拓展增值业务成为支付企业的增收渠道之一，金融科技业务受到热捧也就变得可以预见，并能够带来以下三大机遇。

■ 深层联网通用

2019 年 8 月，中国人民银行公布《金融科技（FinTech）发展规划（2019—2021 年）》（银发〔2019〕209 号）（下文简称"规划"），这是中国人民银行出台的首个单独针对金融科技的顶层设计文件。同年 10 月，中国人民银行、国家市场监督管理总局联合发布《金融科技产品认证目录（第一批）》《金融科技产品认证规则》的公告。

第一批金融科技产品认证目录包括客户端软件、安全

---

❶ "金融科技"已成为支付机构的战略核心 [EB/OL].(2019-04-10)[2020-09-15].https://baijiahao.baidu.com/s?id=1630393089635658709&wfr=spider&for=pc.

芯片、安全载体、嵌入式应用软件、银行卡自动柜员机（ATM）终端、支付销售点（POS）终端、移动终端可信执行环境（TEE）、可信应用程序（TA）、条码支付受理终端（含显码设备、扫码设备）、声纹识别系统、云计算平台11个产品种类❶。

仔细观察这11类产品不难发现，大部分与支付相关。

在万物互联时代，各类支付工具越来越多地被应用在如医疗、税务、政务等领域的各类支付场景中，且在技术的冲击下越来越先进。这波"规范性操作"能够更好地促进支付企业搭建起一个高效下沉、有序运转的支付"神经网络"，全网通用。

■ 行业赋能

"规划"从各个方面确定了中国金融科技的发展大方向和重点任务，强调金融科技应发挥赋能作用，提升金融服务质量与效率，使金融科技创新成果更好地惠及百姓民

---

❶ 黄希.监管部门明确金融科技产品认证规则，首批认证目录公布[EB/OL].（2019-10-28）[2020-09-15]. http://www.bank.hexun.com/2019-10-28/199038352.html.

生，推动实体经济健康可持续发展 ❶。同时，央行明文指出第三方支付产业未来应朝着"科技赋能支付服务"的方向发展。

确实，金融科技是金融与科技的深度融合，涵盖大数据、云计算、AI、分布式数据库等多个技术领域，运用这些技术，支付行业能够更好地完善服务供给，降低服务成本，优化客户服务，提升金融服务质量与效率，并极大地拓展业务的深度和广度（见表1-1）。

表1-1　　"规划"中金融科技重点发展技术特点及匹配场景

技术科目	应用场景
大数据	完善产品供给；增强金融惠民；优化企业信贷
云计算与分布式数据库	拓展服务渠道
AI	完善产品供给；增强金融惠民；优化企业信贷；提升金融服务效率
网络身份认证	提升金融服务效率；加大科技赋能支付
区块链技术	分布式账本试点
视频流媒技术	提升金融多媒体数据处理能力

❶ 央行公布《金融科技（FinTech）发展规划（2019—2021年）》（全文）[EB/OL]. (2019-08-23)[2020-09-15]. https://www.zhitongcaijing.com/content/detail/230973.html.

■ 商业模式创新

如果说互联网金融拥有服务效率高和覆盖范围广的优势，金融科技则可撕裂传统金融服务方式，推动金融科技机构与传统金融机构形成优势互补的合作，可重塑金融服务消费者路径，具体体现在三个方面。

客户——金融科技低成本和无边界的特点，使金融机构得以将客户群体扩大至从前未被金融服务覆盖的群体。

产品与服务——客户的期望已从追求产品向体验至上转变，金融机构提供的产品和服务的重点也将从简单化和标准化，向创造个性化的体验转变。

渠道——在未来的五年里，实体分支机构（如分行）的重要性将逐年下降，而电子渠道，尤其是移动渠道将成为"王道"。

也就是说，通过金融科技深层次应用，支付企业在商户端能够深入企业的供应链、服务链、金融链，在用户端深入消费者决策和交易过程，通过提供更多服务，创造出新商业模式。

可以预见，在金融科技这座矿山脚下，支付是金融科技生态系统的"大门"，最好的淘金者或许正是这些持牌支付机构，我们也只有紧随时代的步伐才能不断踏入新蓝海。

2

To B支付姗姗来迟

中国互联网已走过二十几个春秋，从一穷二白的状态发展成为目前世界第一大网，创造了一批"布衣到首富"的励志传奇。

这二十几年，是以平台和流量为代表的消费互联网时代。

然而，2019年 CNNIC（中国互联网络信息中心）发布的第44次《中国互联网络发展状况统计报告》显示，截至 2019 年 6 月，我国网民规模达 8.54亿……我国手机网民规模达 8.47 亿，网民使用手机上网的比例高达 99.1% ❶。

这意味着什么？意味着流量和用户的红利正在消失，互联网的"上半场"已接近尾声，"下半场"的序幕正被拉开……

---

❶ 中国互联网普及率已超六成 [EB/OL]. (2019-09-01)[2020-09-15].http://finance.sina.com.cn/roll/2019-09-01/doc-iicezzrq2593834.shtml.

历史总是惊人的相似。

2018 年 2 月 11 日，阿里巴巴与居然之家达成新零售战略合作，消费互联网升级为产业互联网。

2018 年 9 月 30 日，腾讯宣布调整组织架构，成立全新的云与智慧产业事业群 (CSIG)、并且宣布"扎根消费互联网，拥抱产业互联网"，正式开启 To B 业务。

2018 年 12 月 18 日，百度李彦宏发布内部信，宣布其架构调整，原有的智能云事业部（ACU）升级为智能云事业群组（ACG），同时承载 AI、To B 和云业务的发展与探索。

……

这些巨头们经历了消费互联网时代的改造之后，纷纷将目光从下游的 C 端用户身上转移到上游的 B 端行业身上，通过改造 B 端行业的生产方式和供应方式再度提升行业运行效率正在成为行业发展的共识。这预示着 To B 正在回暖，产业互联网正在回归主战场。

在巨头们做出"榜样"时，"To B or not To B"，这是一个问题！

其实对于这个问题我们可以从两方面来看待。

首先，这是中国互联网自身的"遗留"问题，是一种互联网流量枯竭倒逼的结果。当流量被瓜分殆尽，流量获取越来越难，获取成本越来越高，消费互联网时代不再是市场和资本争相拥抱的风口时，新的改变必然产生。

其次，这样的转变有着深刻的"历史原因"。

早在 20 世纪中期，当以计算机为代表的第三次工业革命序幕被正式拉开之后，全世界迎来了新的发展。在行业特征最为明显的 IT 领域，信息技术驱动的产业变革更是达到了新的高潮，诞生了 SAP（1972）、微软（1975）、甲骨文（1977）等一批后来发展为巨头的企业，它们的商业模式，更是为早期的 To B 商业模式奠定了基础。

而当时中国尚未改革开放，受限于环境、发展水平等因素，尚无暇顾及 To B。

2000 年左右，美国率先进入了市场红利枯竭状态，企业发展遇到了瓶颈，提升内部效率、降低成本、创新服务是刚需。而要做好这一切，必须有技术的支持。此时，云计算技术开始革新，Salesforce、Workday、ServiceNow 等一批百亿美元公司在这一轮纷纷登场。

此时，中国互联网巨头最初的商业模式也曾对准 To B 业务，如腾讯成立的初衷是要做电信运营商的增长服务技术提供方，阿里巴巴起步于企业黄页，百度最初是给门户网站提供搜索引擎技术支持……然而 To B 难点多，缺乏国内资本的支持。

B 端产品有一个很大的特点，就是其专业性和复杂度较高，发展慢，爬坡期长，而且泡沫很大，行业内存在的真假壁垒难分辨。这让投资者更加谨慎。加之中国互联网尚处于发展初期，有着巨大的人口红利，模式较为简单的

To C 自然成了首选。

但是谁也没有想到，互联网在中国发展得如此之快。中国拥有庞大的用户基数和广袤的地域市场，国内的 IT 信息、互联网商业模式也已经初具规模，一方面 C 端流量很快"见底"；另一方面国外 B 端发展已见成效。2008 年，欧美企业级服务"独角兽"成立达到了一个小高潮，互联网的移动转型叠加经济危机带来的信息化预算压力，使 SaaS（软件即服务）模式在美国爆发。这为中国 To B 发展提供了一个"范本"。

在这样的转折浪潮中，支付始终有着特殊的地位：从 C 端消费者角度看，支付是消费行为的闭环终点；从 B 端商家角度看，支付是养成用户忠诚度的开始。比如支付宝和微信，既能帮助消费者以更为便捷的方式实现消费行为，又能成为商家召回与养成用户的直接媒介。支付行业也一直持续增长。

易观千帆发布的 2019 年第三季度我国移动支付市场的监测报告显示，第三季度我国移动支付市场整体规模达到了 518886 亿元，环比升高 5.68%，其中支付宝和微信依旧保持占据 90% 以上的交易份额。

另外，易观千帆数据显示，2019 年第三季度，我国移动支付季度活跃用户规模达到了 7.4 亿人次，相较上个季度增长 2.4%，其增速从 2018 年第三季度开始呈现出明显下滑趋势，移动支付市场整体 C 端用户规模和其移动支付市场份额分配逐渐趋于稳定。这种环境也促使第三方支付积极向 B 端谋求发展，探索新机遇。

如腾讯金融、蚂蚁金服确定以 To B 为核心的科技公司定位，不断加大对线下服务商的扶持力度，以便快速占领 B 端市场；京东金融、苏宁金融等也尝试把用户、数据、流量与商户打通，推出 To B 行业金融解决方案——一夕之间 To B 支付一跃成为行业新风口。

而我国企业有约 3000 万家，其中中小微企业已经超过 2000 万家，占据市场主体规模。这是一个近亿级的市场，会是造就第三方支付企业服务市场的巨大潜力。同时中小微企业信息化水平相对较低，经营管理方式相对简单，产生大量的企业服务需求，如支付服务、财务管理服务、信贷服务、保险服务、营销服务等，这一切都可以让第三方支付在支付服务的刚需上创新、衍生服务内容，成为助力商户企业数字化的最好抓手。

其实对一些早期就立足中小微企业支付服务领域的第三方支付企业来说，To B 支付并不新鲜。早在创立之初，其就开始为解决企业间的支付痛点提供服务，如银嘉金服。

2017 年，银嘉金服旗下的付临门平台用户过千万，交易规模接近 8000 亿元。截至 2018 年，其交易规模逼近万亿元，并持续为商业合作伙伴业务发展扫除壁垒，提升效率。同时，银嘉金服的服务内容与十几年前相比，早就从最初的单一支付及资金结算，扩容到如今兼具资金归集、会员管理、数据教化、营销助力等综合化支付解决方案。

随着互联网发展浪潮的变更，来自 To B 的支付需求也越来越大，我们可以预见 B 端市场对支付服务深入行业、助力效率提升的需求将快速升温。

虽然市场蛋糕足够大，但是攻占 B 端并不容易。

与互联网行业发展一样，B 端逻辑与 C 端不同，To B 支付的关键在各行各业的产业链条上，且 B 端用户的业态复杂，需求相比 C 端用户来说更为复杂和多元化。同时金融科技正在快速驱动 To B 支付不断创新，大数据、AI、IoT 等新兴技术的日益成熟、步入商用，将为 To B 支付的发展带来更大的助力。

因此，面对被点燃的激情，在 To B 支付领域我们需要配备以下基本逻辑。

■ 产品（服务）定制化

与 C 端相比，B 端每一个行业都有自己的特色和特点，支付侧重个性化、定制化，定制化的背后是契合度。

也就是说，我们要懂得站在企业生产经营者的视角看金融。金融服务已经不是外在的标准化产品，而是其企业自身的一种内嵌的、贴合的、紧密的、不可或缺的运行齿轮。从这个角度看，产业互联网不只是产业自身的事，也是金融机构分内的事。

因此，第三方支付机构需要了解用户企业，先场景后金融，围绕用户的业务场景做产品、做服务，从而有针对性地提供解决方案、配套运营服务，用产品价值而不是用户培育等方式打动用户企业经营者。

一般来说操作方式（流程）是这样的：第三方支付机构借助支付衔接企业运营场景和支付所产生的数据，支付端可以实现流量入口、数据沉淀、用户画像、个性营销、授信评定……从而帮助商户企业实现信息化，对企业现金、产品、用户等进行综合性管理和记录；随后第三方支付机构可以根据商户企业的信贷、支付、财务管理、理财、供应链金融、保险等需求创新服务体系，帮助商户企业构建完善的上下游供应链等各细分场景，实现传统商户企业的数字化，满足其需求，增加其运营效率。

■ 战略多元化

正如上文所说的，不同 B 端用户有不同的特点，但是总体来说可以分为两类：零售端企业和生产制造企业。

对于零售端企业，以支付结算、营销导流等为切入口，推动企业数字化转型，打造可控的用户触达路径；对于生产制造企业，以供应链服务为切入口，发力"服务型制造"平台。

《国务院办公厅关于积极推进供应链创新与应用的指导意见》(国办发〔2017〕84号)中鼓励发展"服务型制造":"鼓励相关企业向供应链上游拓展协同研发、众包设计、解决方案等专业服务,向供应链下游延伸远程诊断、维护检修、仓储物流、技术培训、融资租赁、消费信贷等增值服务"[1]。因此我们要懂得加大新型服务模式和内容探索力度。

■ 合规和发展并行

这几年不断出台的各项政策都显示了合规的升级,如2019年《关于进一步加强支付结算管理防范电信网络新型违法犯罪有关事项的通知》(银发〔2019〕85号)、《支付结算合规监管数据接口规范》等政策的发布使支付机构原有的盈利方式进一步减少,不合规机构的生存空间被进一步压缩。

同时,2019年《关于加强金融服务民营企业的若干意见》、《关于开展财政支持升华民营和小微企业金融服务综合改革试点城市工作的通知》(财金〔2019〕62号)等

---

[1] 国务院办公厅 . 国务院办公厅关于积极推进供应链创新与应用的指导意见(国办发〔2017〕84号)[EB/OL].(2017-10-13)[2020-09-15].http://www.gov.cn/zhengce/content/2017-10/13content_5231524.htm.

的发布，都表明我国企业经营环境、金融服务环境在进一步改善，企业对于贷款、资产管理、财税、营销等相关增值服务的管理应进一步加强。

另外，2019年《金融科技（FinTech）发展规划（2019—2021）年》发布，为支付机构发展金融科技提供了政策指导和保障，推动支付机构在未来进一步增加金融科技投入，加强自身金融科技力量，加大金融科技服务输出。

因此，支付机构在传统盈利缩减的情况下，为了获得更多的利润，必然要拓展业务边界，涉足企业服务市场，而这一切都需要在政策引导、鼓励和规范下进行。

当然，支付 To B 会是一段漫长且寂寞的征途，一定要循序渐进，真正下沉到产业中去，产业互联网的发展也需熬过产业科技化、科技产业化的漫长过程。前方是变革之路，希望已经开启！

3

支付界"华山论剑"

江湖从不寂寞，市场从不平静！

在金庸的武侠世界里，江湖门派林立，群雄纷争，"东西南北中"五方势力华山论剑，奠定江湖地位。

当今的支付市场亦如江湖，在金融科技、To B风潮的冲击下，派别成型，刀光剑影。

正统派：银行业金融机构，出身名门，实力雄厚；

逆袭派：支付宝、微信，后起之秀，略胜一筹；

笃实派：第三方支付机构，勤勤勉勉，内外兼修；

新兴派：聚合支付，夹缝求生，自创招式；

联盟派：融合场景支付，强强联合，绝地反击。

五方势力在支付市场"华山论剑"，各有路数和精妙之处，它们正在谱写中国支付的新篇章。

支付领域，近几年来颇不宁静。

2008 年，马云放出豪言壮语："如果银行不改变，我们就改变银行。"一语成谶，几年后越来越多的人愿意把钱从银行"搬"到支付宝。

2013 年微信支付横空出世，一夜走红，成功打破了支付宝一家独大的格局，不过 3 年时间，腾讯移动支付月活跃账户及日均支付交易笔数均超过 6 亿，2017 年 12 月微信支付绑卡用户已超 8 亿。

同时，新兴技术与传统支付业务结合使非银行支付机构迅速发展壮大，加入市场角逐。

对此，一直占据线下 POS 收单市场的中国银联也在积极布局移动支付市场，并对支付宝以及第三方支付都下了"狠手"，给第三方支付设置了限额与笔数，更是于 2017 年 12 月在中国人民银行的指导下，推出统一移动支付门户 App——云闪付，试图在移动支付市场争得一席之地……

中国支付市场发展迅猛，新旧势力角逐混战，已经形成了竞争主体多元化局面，五大势力格局浮出水面。

■ 银行业金融机构

银行业金融机构是支付市场的主流，包括各大银行机构的网上银行、手机银行、电话银行以及云闪付。

银行业金融机构身为支付机构的同时亦是金融监管机构，对金融行业的业务、运营、监管的理解更为透彻，同时具备强大的用户数量和完善的用户数据。但是市场化程度低，无法高效满足客户日益增长的需求。

在微信支付、支付宝等第三方支付企业的冲击下，银行及各银行金融机构已经意识到自身危机，正在探索新的支付渠道、方式及商业模式，如推出云闪付、银行系金融科技子公司。

■ 微信支付、支付宝

微信支付、支付宝异军突起，占据九成以上移动支付市场，已经成为移动支付领域的两大巨头，一定程度上形成了行业壁垒，故单独列为一级。

二者有着强大的优势，利用现有的电商或社交平台，通过有效的激励手段加强用户对支付的使用黏性（如微信红包）；创新金融服务惠及大众（如蚂蚁金服与天弘基金合作推出的余额宝，低风险、高收益、存取便捷，吸引了大量的用户使用）；通过跨平台的生态圈让服务可以随处获取［两大支付企业均提供了跨平台的支付解决方案，可以在 iOS（苹果移动设备操作系统）和安卓终端使用，而不局限于某个品牌］。

■其他第三方支付

第三方支付是在银行监管下保证交易双方利益的独立机构，除了微信支付、支付宝，实力强劲的第三方支付企业因起步早、有集团背景等原因，在市场上占有一席之地。

第三方支付平台，采用了与众多银行合作的方式，对用户来说不需要安装各个银行的认证软件，一定程度上简化了操作；对于商家来说可以降低企业运营成本，并提供更多增值服务；对于银行来说可以直接利用第三方服务系统提供服务，帮助银行节省网关开发成本。同时，作为商业活动的最后闭环，第三方支付正在演变成商业基础设施，加速了传统金融的互联网化，沉淀了大量的用户数据，构建了数字普惠金融最重要的风控体系，基于数据和征信，能够更直接触达普通大众。

虽然第三方支付取得了良好的发展，但依然存在风险问题，电子支付经营资格的认证、保护和发展问题，业务革新问题，恶性竞争问题，法律和法规支持问题。

■聚合支付

聚合支付，又称第四方支付平台，把多家第三方支付企业提供的支付接口聚合到一个平台上为商家或者个人提供支付服务。也就是说，第三方支付介于银行和商户之间，第四方支付则是介于第三方支付和商户之间。

聚合支付的出现源于支付的"碎片化"发展：中国银联、微信支付、支付宝等多种支付方式，让支付渠道碎片化；扫码支付、NFC 支付 [1]、App 支付等让支付场景碎片化；多种渠道收款，商户没有办法有效统计收益、利润等数据，支付数据碎片化。因此，聚合支付的优势在于"聚合"，在聚合包括中国银联、微信支付、支付宝等主流支付方式的基础上，帮助商户降低接入成本，提高运营效率，具有中立性、灵活性、便捷性等特点。

目前，第四方聚合支付对原有势力具有补充和冲击效果，已经形成一股不容忽视的力量。

■ 融合场景支付

除了以上成形的四大势力，还需要一提的是融合场景支付。

融合场景支付，是硬件供应商依托自身的客户资源优

---

[1] NFC 支付：指消费者在购买商品或服务时，即时采用 NFC 近距离无线通信技术（Near Field Communication）通过手机等手持设备完成支付。支付的处理在现场进行，并且在线下进行，不需要使用移动网络，而是使用 NFC 射频通道实现与 POS 收款机或自动售货机等设备的本地通信。

势、硬件科技优势，结合机构进行支付工具开发和推广。

如华为联合中国银联推出 Huawei Pay，在支持绑定银行卡的同时，还开发了公交卡等本土化提升用户黏性的功能（在这之前中国银联已引入苹果 Apple Pay）。

再如，2018 年，中国银联就联合各大商业银行及华为、小米等主流手机厂商正式启动中国银联手机 POS 产品首批应用试点合作，将面向小微企业、"三农"领域等商户，以移动小额收单为重点应用场景，受理手机闪付、二维码支付、银行卡闪付等多种支付方式，提供银行卡收单、条码支付收单、商户管理等服务。

在线上，微信支付、支付宝一统天下，中国银联几乎无处容身；而线下，原本处于霸主地位的中国银联也遭遇第三方支付机构的蚕食，成为"清算渠道"。双面夹击之下，银行不得不联合其他企业推出各种"Pay"。

如今这五大势力也并非各自为政，也在不断产生碰撞、不断融合合作。

如 2020 年 1 月，中国银行发表公告称，已与中国银联、财付通合作，实现手机银行扫描微信"面对面二维码"收款码的支付功能。中国银行成为首家与微信实现互认互扫的银行。

在这五方新旧势力的较量中，支付也开启了新进化。

■跨界

曾经支付现金或其他货币，需要通过固定渠道、汇款或者存款，但是随着社会的发展、科技的进步，支付方式从现金支付演变到刷卡、到扫码再到刷脸，支付边界逐渐消失，人本身就能支付。

与消费互联网时代的互联网金融只有金融新玩家、互联网金融平台加入不同，产业互联网时代的金融科技我们看到的是以科技巨头为代表的新生力量的加入，它们借助新技术、新手段和新模式，赋能或参与支付领域，深度介入金融行业实际运作过程——移动支付已经不分行业，跨界竞争更加明显。

■融合

互联网与支付行业的叠加使得银行卡、公交卡、折扣券、火车票等移动支付场景应用更加广泛，产业链更是包含了金融机构、科技公司、第三方支付平台等，同时出现了聚合支付、融合场景支付等新兴势力，支付领域融合发展大势所趋。

支付账户融合：未来智能终端将会作为各类支付入口，统一账户，结束单卡多账户或多卡多账户的不便。

支付工具融合：线上线下界限正在被打破，消费体验逐渐趋于统一。

交易信息融合：大数据时代到来，将改变传统基于地理位置及产业链信息割裂的状态，信息通道被打通。

■ 精细

由于竞争加剧、融合加强，各类相关支付机构定位开始出现差异化，分工越来越细。

如中国银联依据其强大的结算系统以及终端 POS 机数量，为运营商和银行提供结算平台，收单业务移动化，逐步走向平台式运营；微信支付、支付宝将其 B2C 或 C2C 的在线支付的优势及产品形态平移至移动端，并渗透线下，利用创新产品和消费场景来增强用户黏性；服务于 B 端利基市场[1]，如付临门，致力于为企业及用户提供支付解决方案以及衍生的金融服务。

中国支付市场在历经各方势力的洗礼后，对于支付进化应该有了更加深刻的认识。随着支付势力、业务和体系的不断演变，未来还会有新的领域在等着我们——在这条路上，没有终点，所幸我们一直在路上，从未停下探索的脚步。

---

[1] **利基市场**：指在较大的细分市场中具有相似兴趣或需求的一小群顾客所占有的市场空间。

第二章
形态演变

　　支付正处于前所未有的变革洪流中，已经不单单是消费中的一个环节，而是置身于具体消费场景中的一种经济手段，用户对支付和多种支付场景产生了理念化的新关联，支付的形态已经从认知、行为、方式这三个方面开始演变、进化……

PAYMENT
ECONOMY

1

认知——三重境界

唐代的青原行思大禅师说过这样一段话："老僧三十年前未参禅时，见山是山，见水是水；及至后来，亲见知识，有个入处，见山不是山，见水不是水；而今得个休歇处，依前见山只是山，见水只是水。"

由此得来人生三个境界："看山是山，看水是水；看山不是山，看水不是水；看山还是山，看水还是水。"

支付行业一直给人刻板、冰冷、逐利的印象，一向与自然、风雅风马牛不相及，但是面对今天支付领域的演变，以此三种境界论之也未尝不合适。

热点飞速转换、概念层出不穷是互联网的一大特点。

在以余额宝为代表的互联网金融给银行带来的秋风肃杀之感尚未完全消散之际，支付O2O（线上到线下）又裹挟移动互联网以快速增长之势迅速蔓延。

其实，每一个流行的概念背后都有一个真相值得我们探索。

O2O[1]脱离于 B2C[2]，B2C 模式在线上就可以形成完整的交易闭环，如电子商务，但是客户无法在线上完成所有的业务流程，必须通过线下的亲身参与才能形成闭环，O2O 应运而生。

若从这个角度来看，银行早已踏入 O2O 这一领域。比如，银行为客户提供线上预约取现、预约办卡、预约提取黄金等服务，这些服务都需要客户先线上预约，再在线下亲自参与才能完成操作，似乎非常符合 O2O 模式。但是深入分析你会发现，这并不能支撑起一个完整的 O2O 战略布局。

首先，应用场景使用频率低，客户黏性不够，比如预约取现只适用于大额取现，预约办卡只适用于客户开立新账户，这些都不会频繁发生。

其次，应用场景的业务基础会逐渐萎缩。随着互联网的发展，远程技术、线上支付、电子现金等广泛运用，银行业务快速由线下转移到线上，需要客户在线下办理业务

[1] O2O：O2O 这个概念是 2011 年由 Alex Rampell 提出来的，英文为 Online to Offline，即将线下的商务机会与互联网结合在一起，让互联网成为线下交易的前台。这样线下服务就可以在线上揽客，消费者可以在线上筛选服务，成交可以在线结算。该模式最重要的特点是：推广效果可查，每笔交易可跟踪。
[2] B2C：B2C 是电子商务的一种模式，也是直接面向消费者销售产品和服务的商业零售模式。

的场景越来越少，也就是说，完全基于银行自身业务挖掘O2O 场景，难免会前途窘困。

然而，神奇的是 O2O 却可以让第三方支付大放异彩，比如微信支付、支付宝的崛起。为什么呢？因为相较于银行，第三方支付有着更为得天独厚的条件。

以付临门为例。付临门主要提供个人金融及便民生活服务，包括网购担保交易、网络支付、转账、信用卡还款、手机充值、水电煤缴费、个人理财等多个领域。在进入移动支付领域后，付临门为零售百货、电影院线、连锁商超等提供服务，还推出了积分商城——应用场景的使用频率非常高且业务基础不断扩大。

另外，付临门也正依托多元化服务打造支付闭环，支付闭环对于实现O2O 是至关重要的。支付系统是真实身份的连接，而且相比社交、搜索平台的连接（仅仅作为一个离开消费者视野的后台工具），支付的连接是直接与客户消费场景进行沟通，显然更有价值，也更容易实现O2O 的生态布局。

那么，在这个趋势之中我们看到了什么？

互联网带给支付业务的颠覆性演变；

人们对支付系统的日益依赖和多元化需求；

支付经济内部生态的形成过程。

因此，对于支付，特别是第三方支付来说，我们不能停留在以往的认知中，它有着三个境界可以升华。

■ 第一境界：见山是山，见水是水——中介性

第三方支付下游连着客户和商户，上游连接着银联、网联和发卡行。简单理解，第三方支付是夹在消费者和银行之间的第三方中介，中介性是第三方支付的本质属性，就如山就是山，水就是水那般客观、直白，它的存在也没有太多的传奇色彩。

最初，第三方支付只是一个辅助性的业态，仅仅是帮助实现资金转移和支付的工具而已，自身的意义非常有限，实际所形成的支付收益在银行体系中占比不足 5%，因此国内银行最初不太愿意在支付领域做太多的探索和创新，第三方支付看起来完全是靠着"嗟来之食"活了下来。

然而，这一切在互联网崛起后，特别是互联网金融的兴起后，发生了翻天覆地的变化。

■ 第二境界：见山不是山，见水不是水——场景性

互联网发展到今天已经从"连接"走到了"场景"，更加强调媒介与环境、需求、情感等因素的融合，提供特定场景下的适配信息和适配服务。

因此，不管是互联网金融企业还是传统支付企业，甚至是银行，只有综合考虑用户的使用频率、功能需求以及

用户体验等，才能找到更适配的应用场景和服务，充分开拓支付的市场空间。

于是大家猛然发现，第三方支付的版图早已从交易、清算、结算，扩张到贷款、充值、理财、征信、社交、便民服务等领域，同时"使用×××卡购买享受×折""扫红包指定店铺或日期消费，邀请好友得现金奖励"……支付似乎越来越"似是而非"。

其实，发展到今天的第三方支付已经不单单是一个中介机构，更是快速成长为解决问题、满足需求的灵活便利的"隐形工具"，利用其工具属性建立人与服务的最短路径并带动、激活线上、线下商业场景。

当然，我们也要意识到场景的局限性，场景只是开始，立足服务才是核心竞争力。

■ 第三境界：见山还是山，见水还是水——服务性

其实，任何针对客户的商业行为都可以用一个词概括——服务！

支付的中介性本身提供的就是一种服务。只是今天，在具体的消费场景中，支付服务的多元化、市场细分化，形成了支付服务的产业链，我们看到很多第三方支付系统日益成为一个综合性的服务大平台，在人们的心智中第三方支付机构其中介者的身份开始逐渐转变为服务者。

也就是说，支付的中介性虽不会改变，但是服务性将会被成倍地放大。服务是支付历经互联网震荡、洗礼后在支付领域所呈现的新兴且真实的"山水"，在未来，支付机构的发展也一定越来越脱离支付，走向综合化的金融服务领域。

当然，三个认知境界并非互相排斥，而是类似一种递进关系，支付公司能看到哪一层境界，往往也意味着能进行怎样的战略布局，能拓展多大的市场空间，甚至直接决定其未来的生死存亡。

2

行为——从供求到竞争

　　一直以来第三方支付机构都是银行的"小弟"，与银行如影随形。

　　然而，随着零售支付崛起和支付场景的广泛化，人们对于支付的便捷和体验有了新的要求，银行与第三方支付机构出现了"左右"之别。

　　银行作为具有经营风险的传统金融机构，注重安全和消费者权益保护是其固有的文化基因，经营理念偏向保守；第三方支付机构为了适应市场，重支付便捷和客户体验，偏向创新。

　　也许第三方支付机构在交易量上远远达不到银行的量级，但是在笔数和金额方面的增速早已远远超过银行，融入大家生活的方方面面，演变为一种新式消费习惯。只是，市场的风云变化既赋予第三方支付机构发展机遇，也带来新的挑战……

支付是收、付款人之间转移货币资金的过程。

当采用现金形式支付时，称为现金支付；当采用银行存款、平台借款（如花呗）等形式支付时，称为非现金支付。这里所说的支付大多是非现金支付，一笔非现金支付通常包括交易—清算—结算三个环节。

交易，指交易指令产生、确认和发送，特别是对交易各方身份、支付工具以及支付能力的确认过程。

清算，指支付服务组织按照特定的规则，完成支付指令交换，并计算出待清偿债权债务结果的过程。

结算，是根据清算过程计算出待清偿债权债务的结果，由支付服务组织完成货币资金转移的过程。

其中，我国支付服务组织包括中央银行、银行机构、财务公司、特许清算机构和非银行支付机构（包含第三方支付机构）。

以付临门刷卡支付为例，用户刷卡、输密码和签字的过程就是交易环节；在用户刷卡支付的过程中，付临门会计算和通知用户与商家的开户银行应该付多少钱、收多少钱，这就是清算；当用户和商家的开户银行收到收付款通知后，分别对用户和商家的账户做资金增减记录，这就是结算。

第三方支付机构是以自身的信誉进行担保，提供与银行支付结算系统接口和通道服务，从而实现资金转移和支付结算。第三方支付机构也是凭借着这种中介性，与银行

支付经济

紧密合作，赚取接入费、交易手续费成长起来的。

相比刷银行卡统一通过中国银联转接清算，目前网络支付是一个自由的市场，支付机构可以选择通过央行的跨行清算系统等再转接到银行，也可以选择自己直连银行完成支付。只是，2017年中国人民银行指导下的"网联"上线，为第三方支付机构提供了一个统一的独立清算平台。不过，现有的支付机构直连银行的模式不会立刻被叫停，监管部门给予了支付机构一段相当长的缓冲期。

然而，俗话说"三十年河东，三十年河西"，移动支付迅猛发展，渗透到了衣食住行等各个方面，包括线上的电商购物和金融理财以及线下的零售交易、智慧出行等场景——移动支付悄然走向了逆袭之路。无论我们相信与否，每天的市场交易中，每10笔中就有8笔是通过第三方支付平台完成的。从2005年"第三方支付元年"❶到今天，不过短短十几年，第三方支付给世界带来的变化却是颠覆性的。

同时，技术冲击、无现金时代来临、支付日益场景化，以及电子货币、数字货币逐步优化传统货币的发展进程，一方面不断加速当今商品交易便捷化，拓展了第三

---

❶ 2005年被誉为第三方支付的元年，阿里的支付宝和腾讯的财付通都是在2005年成立，除这两家以外，先后又有50家第三方支付企业在同年成立。

方支付的收益形式；另一方面不管是银行对传统支付的升级迭代，还是大众普及的第三方支付推陈出新，各类支付工具、各种支付技术、各个支付机构为了拓展市场绞尽脑汁，也历经了大浪淘沙。

这些都极大地影响着支付行业在供求、盈利、竞争等方面的市场行为。

■ 供求

电子商务的高速发展，令用户直接体会到了第三方支付的便捷，用户选择"体验至上、兼顾安全"，第三方支付行业享受到了发展红利。积累起来的海量用户数据和行业广阔的发展前景也吸引着越来越多其他行业巨头们的参与，不断地将支付"内容"迭代，以便更好地满足市场新需求。

虽然通过这几年的发展，核心地区的第三方支付获牌企业趋于饱和，但也有不少人认为市场空间还在急速扩大。

比如银行卡收单市场，中国目前的人均 POS 机拥有率仅为美国的 23%，韩国的 12%，考虑到国内城市化率逐步加速，银行卡收单市场至少还有 5 年以上的黄金发展时期。

同时，自 2011 年以来，中国人民银行每年发放第三方支付牌照的数量快速下降，并且不断有已经获得支付牌照的公司被注销资格（因此支付牌照会是第三方支付机构的重要资源之一），监管趋严。而银行将会加大在支付领域的投入，第三方支付机构将迎来有力的竞争对手。

因此，在供应端，支付市场形成了五大势力"割据"的局面，但支付需求仍然未被很好地满足，依旧有着很大的拓展空间。

■ 盈利

第三方支付机构在成长过程中，很长一段时间内的生存形态都依赖于与合作银行的关系，通过合作银行来赚取差价、特殊计费或交易量阶梯返佣。同时，得益于各种新兴技术收单，第三方支付成本远远低于银行。凭借同银行的合作和低价策略，第三方支付牢牢占据了小额零售支付市场，支付行业的规模效应也让支付机构越做越大。

但是，2008 年，汇付天下在航空机票领域率先推出信用支付（本质上是信用贷款业务），开创了对航空票代零收费先例；2013 年支付宝推出余额宝，打破了依赖支付手续费利差这一传统，巨大的资金业务利差以及金融衍生品销售返佣足以弥补占比极小的手续成本。

另外，随着网联上线"断直连"，支付费率对商户越来越透明，导致支付机构利润空间越来越窄，依靠费率差价生存的机构发展举步维艰。

因此，今天再看一个支付企业的盈利能力，不能简单地看它的手续费利差，或者说不能主要关注手续费收益，而是应该看它在细分支付市场上的布局和规模，支付企业的盈利重点则要转移到自身是否有能力、有想法通过其他增值服务获得较高的利润回报。

■ 竞争

在当前国内支付市场多方势力的角逐之中，部分支付机构为了竞争，全力补贴商家，甚至补贴到零费率去抢商户、圈场景，低价一度是其奉行的竞争"王道"。

然而，通过补贴获得的客户可以因为几元几角的小利选择你，自然也可以因为几元几角的小利而选择别人，毫无忠诚度可言，无非就是补贴力度一较高下，东家唱罢西家登场，本质上就是一场资本市场对商业模式规模化的对赌，这样的竞争方式并不利于行业的长远发展。

支付系统是发生在消费者和商家之间的金融"工具"，真正的价值在于使用频次，支付系统最终落地的交易环节必然是高频的消费场景。

我们可以看到，在拓展商户对象时，那些支付巨头除了前期的补贴，更密切联系目标用户基本的衣食住行。有的集中资源拓展商旅消费青睐的商户，比如机票、酒店；有的搭建交通出行、水电煤气付费等便民通道；有的专做一日三餐，将连锁快餐、外卖平台收入麾下……

当今的支付市场竞争已经不是低价竞争的时代，而是用户场景竞争的时代，用户对支付系统的使用频次越高，黏性就越强。同时，基于用户所产生的消费轨迹，可以分析出用户的消费特点和习惯，更好地锁定消费场景，从而做出重要决策。因此，实现支付服务的直线投达以及大数据的创新商业模式才是支付企业真正的出路。

我国支付行业的发展已经告别了"野蛮生长"时期，逐步领先世界。对于一家支付企业来说，基本的三个操作是需求刺激下的拓展、盈利模式的新发展、竞争新动作，这些会是今天支付行业的基本市场行为，也是中国支付行业长远健康发展的一种保证。

3

方式——"新零售"体验

几个世纪前，最早使用纸币的是中国人，到了元朝，纸币首次作为主体货币在全国范围内流通。外来的马可·波罗亲眼见证了这套货币体系后惊叹："皇帝的造币厂已经掌握了完美的炼金秘诀。"

现在，中国人又率先习惯手机支付，同时新零售崛起，中国以自身独特的形态跻身"无现金社会"（西方大多数国家依靠的主要是银行卡）。《纽约时报》在 2017 年 7 月 17 日发表的报道《在中国城市，现金正在迅速变得过时》中称，中国的主要城市几乎所有人都在使用智能手机支付一切费用，中国已跨入了"无现金时代"。

从现金支付转向手机支付，支付方式演变的背后是一个由移动支付引发的典型的"后发制人"的中国故事。

1993 年，国务院启动以发展电子货币为目的的"金卡工程"，它以计算机、通信等现代科技为基础，以银行卡等为介质，通过计算机网络系统，以电子信息转账形式实现货币流通，为的是实现我国金融现代化，从而提高社会运作效率，方便人民生活。

但是发展到 2000 年，分散的银行卡中心各自独立运作，互不连通，依旧非常不便利。

很多人都有很深的体会，那时存到某个银行的钱只能到该银行柜台或 ATM 机上存取，跨行转账需要跑多个地方。对国家来说，则是银行接口难以互联，银行卡的全国受理网络难以成型。而早在 20 世纪七八十年代，欧美发达国家已经实现了信用卡的跨国使用。

于是，2002 年 3 月，中国银联成立，实现了银行卡全国范围内联网通用，也使得异地跨行的网上支付成为可能，中国真正的清算体系建立起来。很长时间里，数字货币的主要路径是银行的电子化，即把纸面票据转化为数码记账，比如磁条卡、IC 卡和网上银行，POS 机刷卡是那时最为主要的支付方式。

不过，此时依旧有一个摆在面前的难题——金融网络与互联网接口承接，因为系统烦琐、成本高，银行没有动力去做。一些 IT 企业在给银行开发信息系统时发现了这一支付需求，于是演变为市场上首批第三方支付机构，就像上一节说的，这些企业提供与银行支付结算系统接口和通道服务。

很快，随着互联网特别是移动互联网崛起，夹缝求生的第三方支付以水滴石穿直至摧枯拉朽之势震撼了整个行业。

第三方支付机构处于交易流程中资金和信息的重要停留节点，凭借这些资金流和现金流，可以创造更多的增值服务，诸如缴费、授信、转账、理财等，第三方支付机构开始成长为一个服务型平台，并拥有了自己的虚拟账户。

而其开山鼻祖是支付宝。

为了解决网购交易中的诚信问题，给买卖双方提供担保交易服务，2003年10月淘宝推出了支付宝。支付宝创造性地在网购流程中引入了虚拟账户，在这个账户里你可以收付款、充值、转账、借贷，并且这个账户实现了与大多数银行互通。比如支付宝和中国银联推出信用卡快捷支付，支付宝账号绑定银行卡后可以支付和还款，无须通过网银，支付过程也绕过了中国银联这一清算平台。

从此，第三方支付从一个通道，变成了一个入口。而互联网的秘诀就是"入口为王"，锁定了用户，就是锁定了生产、流通和消费，第三方支付完成逆袭。个人金融账户不再专属于传统金融机构如银行，账户主体呈现多元化的态势。

很快，4G（第四代移动通信技术）、Wi-Fi（无线网络传输技术）发展起来，手机成了人们的信息终端和输入输出设备，支付搭载手机，利用一个小小的二维码，瞬间将线上世界与眼前的商家连接。从此，支付环节简化为一张二维码、一把扫描枪、一台自助收银机，省去了收款找零环节，给人们带来了极大的便捷。

当"码上支付"成为常态，新零售又来袭，于是我们看到了诸如自助收银机、Amazon Go 无人便利店、Scan & Go 三维激光扫描等新的支付方式。如自助收银机，你自主完成采购商品的条码扫描，并将已扫描的商品放置于自助收银的防损平台上，与服务器中的商品重量库进行比对后结账付款便可；如 Scan & Go，通过 App 把客户的手机转化为手持 PDA❶，也就是说，你只需要用手机摄像头来扫描商品的条码，就可以将产品加入购物车，在离店的时候进行整体结算便可。

在这样的风潮中，以互联网为土壤的快捷支付工具迅猛发展，催生新的第三方支付市场发展模式，第三方支付变局在此开启⋯⋯

可以说，中国支付市场没怎么经历信用卡、支票支付的洗礼，快速挺进移动支付，一步跨越西方几十年。现在，中国支付市场继续保持着这种跨越势头，短短十几年，催生支付新模式，在全球移动支付领域独领风骚。而

---

❶ PDA：Personal Digital Assistant，又称为掌上电脑，可以帮助我们完成在移动中工作、学习、娱乐、购物等。按使用来分类，分为工业级 PDA 和消费品 PDA。工业级 PDA 主要应用在工业领域，常见的有条码扫描器、RFID 读写器、POS 机等；消费品 PDA 包括的比较多，智能手机、平板电脑、手持的游戏机等。

从"通道"到"入口"到"新零售"，从科技和支付方式角度看，中国的第三方支付市场大体可以分为三个阶段。

第一阶段：以POS机物理网络为依托，其网络枢纽是中国银联这一清算平台。

第二阶段：以互联网为依托，以支付宝等网上支付工具为代表。

第三阶段：以智能手机终端和高速移动通信网络为依托的移动支付，诞生了各种新兴支付方式。

每个阶段的背后都有一种新的模式在推动市场发展。

■ 支付网关模式

第三方支付曾因模式起家，支付网关模式是最基本的第三方在线支付模式，所有第三方支付机构都提供该模式。

支付网关模式简单理解就是第三方支付机构以中介形式连接商家和银行，帮助商家和消费者在交易过程中跳转到各家银行的网上接口，能有效地提升电子支付连接的效率，并且降低搭建支付系统的成本。

在这种模式下，第三方支付机构把所有银行网关（网银、电话银行）集结在一个平台上，商户和消费者只需要使用支付机构的一个平台就可以连接多个银行网关，实现一点接入，为商户和消费者提供多种银行卡互联网支付服务。

■ 虚拟账户模式

虚拟账户模式是真正推动第三方支付市场发展的模式，不仅为商户提供银行支付网关的集成服务，还为用户提供了一个虚拟账户，该账户可以与银行账户绑定或对接，用户可以从银行账户中向虚拟账户充入资金，或从虚拟账户中向银行账户注入资金。用户的网上支付交易既可以在虚拟账户中完成，也可以在虚拟账户与银行账户间完成，如支付宝、微信支付。

这种模式以第三方介入的方式有效解决在线交易中的信任问题，因此有人也将其称为信用中介模式。

以支付宝为例，当交易发生时，支付宝先暂替买家保存货款，待买家收到交易商品并确认无误后，再委托支付宝将货款支付给卖家，这就是一种典型的信用中介模式。

当然，在具体业务操作过程中，当虚拟账户资金被真实转移到客户银行账户之前，是汇集起存放在第三方支付机构的银行账户中，这导致该模式在用户交易资金管理上可能存在一定风险。

■ 支付工具模式

随着人们对支付便利性需求的提升，以及支付场景化、各类黑科技不断渗透支付领域，支付工具开始具备

"创造交易"的价值，催生了支付工具模式，即支付账户或电子钱包成为用户经常使用的具有工具属性的应用之一。

如 Huawei Pay 是国内首个兼具银行卡、公交卡功能的手机支付工具，同时支持为手机内虚拟公交卡充值，并于 2018 年已支持绑定 78 家银行发行的银联卡进行刷手机消费，线下已有超过 1600 万台 POS 终端支持 Huawei Pay，覆盖移动支付、交通、出行等应用场景。

此种模式有两个显著特点：一是基于互联网的支付工具；二是基于手机客户端的移动支付业务。需要注意的是随着 5G（第五代移动通信技术）时代的来临，手机支付将更为便捷和常态，支付应用和终端用户绑定牢不可分，工具属性也将更加明确。也就是说，尽管现阶段信用中介模式以及支付网关模式仍是市场份额最大的模式，但是，未来便捷的支付工具模式将是第三方支付市场发展的强劲推动力。

过去未去，在支付市场中原来的模式并未退出，继续存留并发挥着作用；但未来已来，新的模式已诞生，"支付革命"正在进行。作为第三方支付机构的我们未来何去何从？不因循守旧，勇立潮头才是拥抱未来最好的方式。

第三章
价值进化

从连接人与服务到连接万物，从自成产业链到深耕 B 端产业链，从自成体系到生态建设，支付经济价值已经开始进化，这些真切的日常便捷体验以及带给商业场景的高效创新，不经意间，已成为数字中国和智慧生活的新注脚。

PAYMENT
ECONOMY

1

新"连接艺术"

2019 年微信支付出了一个广告：从火柴、剪刀、笔是如何来的这一系列问题切入，给出"不重要"的答案，引出"不重要的是事物本身，重要的是事物所带来的改变"这一观点。如此铺垫之后切入了正题，微信支付。微信支付这一产品的到来，给人们的生活带来了许多改变。

确实，扫码支付、无感支付、社交支付、生活缴费、自助购……这些改变的都是生活中最为常见的场景，也许我们意识不到，但它们在方便我们生活的同时，也在快速地改变着这个世界。

支付正迸发出新的"连接艺术"，我们每个人都是智慧生活的共创者，我们用支付去连接彼此，也正在被更好地理解。

对于支付，很多人的认知还停留在收付款上，对于第三方支付，很多人的认知还停留在连接银行与商户的传统"桥梁"作用上。他们认为支付工具的革新、支付技术的发展让支付更加便捷，也加速推动了中国"无现金时代"的进程。

然而，2018年8月8日开始，微信支付将"8.8移动支付日"升级为"8.8智慧生活日"，从之前对"无现金生活"的倡导，扩展意义内涵为如今的"智慧生活"。与此同时，支付宝打出"生活好，支付宝"的口号。

二者不约而同地对支付的阐述从现金角度切换到了生活角度，为什么？因为便捷的支付体验正在向生活的方方面面加速渗透，支付连接你我，改变生活。

如付临门，今天它不仅仅是一个平台，更形成了"一商四端"业务格局，如图3-1所示。

图3-1 付临门"一商四端"业务格局

综合支付服务商——网络支付、移动支付、预付费卡支付、小额支付、聚合支付、定制化支付。

便民终端——信用卡还款、转账汇款、申请信用卡、余额查询等个人金融服务，火车票、飞机票、酒店、景点门票订购等商旅服务，交罚办理、微医挂号等生活便民服务。

助农终端——满足农村金融服务需求，立足"金融助农，服务三农"量身打造，支持银行卡查询、交易、现金取款、广告宣传、打印凭证等功能，积极创新适合新农村的金融服务模式。

一站式公共自助端——充分运用信息和通信技术手段感测、分析、整合城市运行核心系统的各项关键信息，对于包括民生、环保、公共安全、城市服务、工商业活动在内的各种需求做出智能响应，助力智慧城市建设。

商城消费端——基于互联网环境使用电子支付、快递等工具进行交易的网络门店，用户可使用所获得的积分直接在商城兑换商品，还可参与其他相关积分活动。

付临门已经是一个能够改变我们生活体验、探索各类新商业形态的"数字路径"。比如综合支付服务，给餐饮、零售、娱乐、医疗、交通、旅行等多个民生领域提供完整的解决方案，除了扫码支付的能力，数据流量导入、用户会员和积分系统等企业需要的大部分数字转型方案都包括在内。

也许金融的本质不会改变，它的体验却是可以改变的。要致富先修路，移动支付就是这条路。移动支付是一个绝佳入口，当你把支付行业与不同企业的连接做好了，你在这条路上去做其他任何连接都会快很多。

另外，我们也可以从 2018 年马化腾在首届数字中国建设峰会上所公布的腾讯对微信支付做出的布局中看出端倪。

1 个目标：成为各行各业的"数字化助手"。

3 个角色：做连接器、工具箱和生态共建者。

5 个领域：包括民生政务、生活消费、生产服务、生命健康和生态环保。

7 种工具：包括公众号、小程序、移动支付、社交广告、企业微信、"大智云"（大数据、AI 和云计算）和安全能力 7 种数字工具。

当今的支付建立在移动互联网基础上，它不仅让大家知道现金还可以这样流动、互联网金融还可以这样玩，更开始了全面的数字化和智能化，围绕用户生活的方方面面实现自然、高效、整合性创新，超越传统服务的模式和水平，实现"全连接"。

■ 连接人与人

社交软件收付款，亲朋好友间的亲密付、红包、亲属卡，乃至国内外近年来的各种新型支付应用、社交应用涌现……不管是"社交 + 支付"，还是"支付 + 社交"，支付平台与社交平台互联，用户通过支付平台可以直接向在线社交圈好友进行支付，情感体验更加便利，一定程度上满足了人们的社交需求，促进了人与人之间的交流。同时，与社交平台互联也成了支付平台争取用户的一种手段。

■ 连接人与生活

支付最初对大家来说只是工具，为的是提供简单、安全、快速的支付解决方案。然而很快，在移动支付领域出现了"钱包"一词，不管是支付宝还是微信支付抑或百度钱包，只要在各种支付平台上打开支付界面，从生活缴费到购票，从电商到O2O，不一而足，各种各样的生活服务都能够被提供，移动支付不再是单纯的工具，而是在场景布局中成了大家名副其实的"钱包"，正在引导着消费，改变着人们的生活方式。

■ 连接人与金融

当人们越来越多地将钱放入线上"钱包"，其实已经有意无意地促使移动支付向互联网金融演化。很多支付机构开始了自己的金融布局，如提供资产增值的理财服务，解决资金周转的信贷服务，以及配套的资产管理功能等，不断向金融属性迈进。大家猛然发现，原来金融早已不再高高在上，不再是有钱人的专利，而是与每一个人的存款、工资、生活支出等息息相关。总的来说，移动支付是迈入互联网金融的一个重要门槛，也是发展互联网金融的基础配套设施，更是大家与互联网金融产生关系的最为直接的路径。

■ 连接人与一切

互联网金融方兴未艾，金融科技已经来袭。与曾经火热的"互联网＋金融"相比，科技能带来更彻底的变革。除了银行，少数有实力的第三方支付机构经过数年的资源沉淀和数据沉淀，业务版图趋于多元化，通过将自身业务与大数据、AI、云计算、IoT 等前沿科技相融合，同时在以人脸识别为代表的生物识别技术、小程序创新的加持下，支付的快速连接能力呈现多维度、轻量化发展趋势。这种技术性让支付连接一切成为可能。

移动支付改变了传统的生活方式，由移动支付衍生出来的很多服务性功能，让人们的生活开始从交易数字化迈向全方位体验升级的"智慧生活"，这已经成为不可逆的社会潮流。不仅如此，它也引发了商业形态的新变革——支付新价值时代已经开启！

2

流动产业"血液"

曾经在《人民日报》的一档访谈节目中，刘强东被主持人问及最后悔没有抓住什么机会，刘强东说最后悔的是在 2006 年、2007 年讨论要不要做支付时说"不要"！

同时，我们看到马化腾在做财付通，陈天桥在做盛付通，李彦宏在做百付宝，雷军在做小米支付……

各类"宝通"深受人们的喜爱，巨头们的理财大战、产品赋能也不断上演——互联网金融就这样发端于第三方支付，凭借资金闭环运行优势以及大量的信息流，支付的创新也为这些企业自身提供了"造血"功能。

今天，进入产业互联网时代，To B 成大势所趋，支付产业链条除了在企业内完成支付闭环，还在进行新一轮的延伸和扩展……

所有的历史都预示着未来。

消费互联网时代，一家互联网公司的投资价值主要体现在入口和流量上，入口用于构建商业帝国版图，流量是帝国的人口基数，巨大的流量往往意味着巨大的消费空间。

然而随着入口饱和、流量枯竭，中国互联网行业进入寒冬期，2018 年，阿里巴巴、腾讯、美团点评、京东等互联网巨头股票遭遇"滑铁卢"，滴滴持续亏损……

但在这样的寒冬期，有一个产业却在上演着逆袭大戏——第三方支付。

随着数字化浪潮来袭，移动支付的快速发展、屡创新高的交易额以及不断增长的用户数无不宣告着中国第三方支付风口的到来。

另外，产业互联网时代，入口的重要性让位于场景，投资者更为看重的是一项服务的使用频次，使用频次更高的服务被认为具有更高的投资价值和更好的投资前景。而任何商业行为都离不开支付，任何服务的使用频次也无法与支付相抗衡。如 2018 年，银嘉金服就成功进军资本市场，斩获 2 亿元注资。

当然，这一切仅仅是表面现象，正在引爆支付风口的是其对产业的"输血"功能。

资金是企业的血液，经济社会的快速发展，离不开商品流通和资金融通，离不开资金安全、便捷、高效的转移，离不开准确、及时、完整的清算结算。

当下我国金融机构，电信运营商，第三方支付机构，设备、技术提供商和用户促使移动支付产业链成型，成为市场经济的一种基础设施，也成了企业的"输血通道"，资金得以便捷、高效转移，很好地保障了商品流通和资金融通，如图3-2所示。

图3-2　支付产业链

在这个产业链中，第三方支付是一个特殊的存在，有别于传统产业链中某个环节企业只能停留在其上下游固定位置。第三方支付贯穿整个产业链，因为它的服务具体表现为支付工具与支付系统，其服务对象是商品交易和资金清算的商户，既要求非常高的合作度，也存在十分激烈的竞争，这种合作与竞争，涉及上游的银行，也涉及同行业企业以及一些以聚合、融合方式入围的其他企业，从而影响整个产业链。

为了生存和发展，越来越多的第三方支付机构开始从零售、餐饮、保险、酒店、旅游、房地产等多个细分领域入手，对场景进行更加精准的深度挖掘，也更下沉到这些产业链中，助力相关企业的经营、转型。

如银嘉金服，区别于早些年单一的支付业务服务，发展至今，其业务触角已涉及第三方支付、非银行类综合金融服务、个人及中小微企业征信服务、商业保理等，目前已和上市科技公司华软科技达成战略合作，就大数据风控、精准获客、智能营销等多领域展开深入合作，为企业提供个性化、智能化的支付解决方案。

而第三方支付机构自主搭建综合支付平台，可以以支付服务为支点，以智能 POS 等多种终端为载体，连接支付、营销、金融等各类商户，打通数据孤岛，不但成功解决商户在企业对账、合账、查账等方面的难题，而且能深挖支付数据、信息价值。

具体表现为：实现企业支付系统与经销系统无缝对接，支付流与信息流快速交互，资金管理更加顺畅。

以企业动态支付数据加以大数据分析技术，为企业展开精准营销提供精准客户数据支撑。

在多维度、长期的企业经营交易数据基础上，全面呈现企业动态运营图像，为企业获取信用融资，解决信息缺失、信息不对称问题，助力完善企业信用体系。

以不同企业供应端场景为基础，集中、汇总前端消费场景、中后端供应链上下游企业等各个环节的交易数据，提升支付数据价值，增强供应链上下游企业资金管理效率和产业整体的营运效率……

　　支付作为资金流转、结算的重要环节，是企业交易行为的起点和终点，影响企业经营的各个环节，不仅深入企业的各类经营场景中，也深入企业、产业价值链中。

■ 联动企业价值链价值

　　迈克尔·波特❶认为，"每一个企业都是在设计、生产、销售、发送和辅助其产品的过程中进行种种活动的集合体。所有这些活动可以用一个价值链来表明"。

　　企业的价值创造是通过一系列活动构成的，如技术开发、生产、销售、服务等，这些互不相同但又相互关联的生产经营活动构成了一个创造价值的动态过程，即价值链。

　　而今天的支付对一个企业来说，不仅仅具有收单这一单一功能，其还是重要的资金、数据、流量入口。它无缝对接了企业各种消费场景，可以提升企业的财务管理效率，为企业提供更多元化的增值服务，如信贷、会员管理，同时基于大数据分析，更准确地为个人、企业画像，提供个性化营销等，从而盘活、联动企业一系列活动，随

---

❶ 迈克尔·波特，哈佛大学商学院教授，1985 年提出价值链 (Value Chain) 概念。

之而来的是财务、人力资源、商业模式和整个公司更高效率的数字化管理，甚至给企业原来的商业模式带来改变。

■ 激发产业价值链链式效应

一个企业要赢得和维持竞争优势不仅取决于其内部价值链，还取决于一个更大的价值系统，即产业价值链——一个企业的价值链同其供应商、销售商以及消费者之间的连接。在产业价值链中，上下游企业之间存在着大量的信息、物质、资金等方面的交换关系，也只有物流、信息流、资金流畅通，企业间才能真正地实现互补、互动、双赢。

而支付系统，特别是细分领域的第三方支付系统往往围绕产业链，打造覆盖消费者、生产商、供应商的业态，实现 C 端与 B 端、B 端与 B 端无缝对接的行业支付闭环，加速产业资金流通、归集，并基于大数据助力产业升级、搭建信用体系，而其沉淀的信息流则可以很好地实现产业信息共享。

换句话说，在整个产业价值链中，最关键的是实现支付闭环，只有实现支付闭环，产业才可以真正谈论信息流和资金流。

■ 推动经济一体化

第三方支付也许一开始只是更擅长将中小商户纳入电子商务的新经济环境中，但是随着多元化增值服务产生，如缴费系统、营销系统、会员系统等，其产业链下沉，已经对旅游、航空、数字娱乐、生活缴费等行业产生了变革性影响，从而影响着一个地区的经济文化生活。

以杭州为例，移动支付已进入日常生活之中，一部手机就可以完成吃、住、游、购；10 秒找空房、30 秒酒店入住等已经成为现实；200 多家医疗机构都已经实现了先看病后付费……支付场景正在不断拓展，推动着城市治理体系和发展模式的现代化。

第三方支付从单一模式到多元化支付平台，从银行接口到围绕行业的需求定制，越来越承担起一个地区经济数据、服务的整合使命，通过整合支付数据、多元化服务，连接区域经济的生产、经营环节，不断赋能商业经营、管理，更可以依托渠道下沉，将支付服务推广至三、四线城市及以下乡镇地区的小微商户中，从而很好地推动地区经济一体化建设。

支付如水，水利万物而不争。未来支付的价值不是比谁做得"广"，而是比谁做得"深"，推动支付链条下沉，让支付真正成为企业、产业顺畅的"输血通道"，赋能产业发展。

3

生态圈新纪元

"生态圈"一词源于生物学，指的是一个由各种生命物质与非生命物质组成的开放且复杂的自我调节系统。但自这个概念被引入商业领域，便开始迸发出无穷魅力。

于是我们看到了小米的智能家居生态圈、乐视的"平台＋内容＋终端＋应用"的生态营销……也听到了"产品型公司值十亿美元，平台型公司值百亿美元，生态型公司值千亿美元"的说法。

今天，生态圈的概念开始渗透到支付领域，"支付＋"生态建设悄然崛起，打造"支付＋"行业生态圈，成为很多支付机构共同的动作。

曾经，互联网是"大众创业、万众创新"的工具。企业利用信息通信技术以及互联网平台，让互联网与传统行业进行深度融合，创造新的发展生态，于是"互联网＋"一词迅速崛起，经久不衰。

如今，支付特别是移动支付已经成为一种新技术、一种新交易方式、一种新基础设施、一种新生活方式，也拥有了"+"的可能。

同时，移动支付的发展使"支付圈"这一概念逐渐流行起来。

一方面便利、快捷的移动支付飞速发展，不断加快覆盖生活的各个场景，并开始深入产业链，从网上消费到场景消费，从支付体验到商户生态，支付深刻影响着人们的行为和中国现有的商业形态。另一方面寡头崛起，各类角色纷争，竞争愈演愈烈，监管加强令支付机构不得不寻求支付之外的力量破局，支付市场发展进入下半场，越来越多的支付机构试图通过进一步融合与集成其他服务、行业，实现支付价值的差异化以及实现差异化竞争——支付走向了"支付+"，"支付+"一词在支付领域日益被人们熟知和推崇。

那么，"+"真正的内涵在哪里？

在于其跨界融合、创新驱动、重塑机构、尊重人性、连接一切——简单地说，在于开放的生态圈建设。

当今支付业的创新主要体现在产品、模式和服务对象上。就产品创新来说，不管是传统 POS 机智能化，还是密码支付、生物识别，已经有了许多突破，越来越便捷，服务也越来越人性化。但是对于支付企业来讲，仅仅依靠产品所搭建的通道业务本身远远不够，真正的重点在于模式和服务对象。

在模式上，支付企业改造消费场景和支付方式、渠道，在自身价值链中叠加信贷、账户、营销、大数据等增值服务，并垂直深入金融、教育、医疗、交通等行业，打通各个环节，连接一切，让支付成为一个基础性平台，自带跨界基因。越来越多的支付企业将上下游以及不同金融机构、科技企业融合构建进自己的价值链条或融入其他行业价值链条，"支付 +"生态圈逐渐成形，支付生态圈纪元开启。

构建"支付 +"生态圈主要有两种模式。

第一种，自建生态圈赋能，凭借自身行业发展所获取的实践、经验和资源，融合银行、其他支付机构以及金融行业相关企业，打造业务闭环。这种模式下业务壁垒和用户黏性至关重要，谁能尽快打造品牌优势，谁就能在市场上夺得先机。

第二种，植入其他产业生态圈，以自身的支付系统、服务内容对接核心行业，获取关键场景和核心数据，为行业发展提供优质的支付服务、资产管理、风控支持等。这种模式具有很强的延展性。

支付宝是自建生态圈的典型，依附阿里巴巴这棵大树，消费场景自然形成，加之阿里巴巴的各种产品有助于支付宝生态圈的形成；芝麻信用的加持可以有效划分用户信用等级；支付服务多样、内容广泛，甚至与公益相连，线上线下打通使环节更加多样；自身强悍的物流能力；大量商家入驻、自身掌握第一手数据和征信服务……一直以来支付宝都在亲力亲为建设生态圈。

支付存在特殊性，它既是具体的工具，也是服务平台，很多时候这两种模式可融合发展。

如 2018 年支付宝小程序上线，不仅与饿了么、优酷、淘票票、书旗小说等实现了联动，也打通了高德地图 App 客户端、UC 浏览器等。其中最典型的是依靠支付宝小程序，星巴克与阿里巴巴全面打通会员体系。支付宝深入参与具体行业，遵循"千人千面"的逻辑为商户提供解决问题的路径，其商业赋能开启了企业新的爆发点。

再如银嘉金服，以支付为入口，切入商业保理、消费金融、资产管理、大数据征信等多个金融领域，打造金融科技闭环生态圈。同时，银嘉金服拥有专业化的技术壁垒和客户黏性，在很好地提供个性化定制服务时，可以充分了解产业链甚至每一个风控细节，掌控体系内业务场景和核心数据，深入每一个行业，既将其他行业纳入自身生态系统，也参与到其他行业的生态系统之中。

在支付下半场，支付转型已经步入深水区，支付市场的业务形态正逐步从单纯的支付向互联网金融、消费、赋能企业等方向转变，构建支付生态圈会是支付企业开辟新蓝海的关键性操作，也是服务方式的新演进。

如微信，以小程序、公众号、微信支付等工具为核心的微信码上生态催生了新产业、新业态、新模式。如实体门店突破空间、时间限制，小程序、公众号、微信支付等工具，可帮助企业轻资产运行，及时了解用户需求，搭建贴近用户的服务体系，降低商业资本准入门槛……截至2019年，微信码上生态经济规模突破8万亿元。

那么，如何去构建一个支付生态呢？有4个"支付+"方向。

■ 支付 + 场景

支付场景是支付生态的"环境"，其条件的好坏直接决定生态系统的丰富度。

互联网的发展为支付创造了使用场景，也让用户对支付和多种支付场景产生了新的关联，支付场景由零售进入全场景。

一方面，人们不是为了使用支付而去购物，而是在某个具体的消费场景用到支付；另一方面，随着各大支付平台场景之争纵深化，创新的支付工具和服务在为用户带来全新的场景支付体验时，也在不断地拓展着新的支付场景，支付场景已经开始从商超、便利店、餐厅、酒店等泛零售场景进入航空、票务、会展、公交、医院、教育等更多的垂直细分行业和公共领域，正在实现全场景覆盖。

■支付 + 数据

支付服务是支付生态的"营养结构",生态系统各要素之间最本质的联系是通过"营养"来实现的。

支付是金融大数据的基石,支付企业凭借支付系统上的征信大数据、普惠金融大数据、市场营销大数据、供应链大数据等,推动多维度数据流通,为支付生态奠定了"营养结构"基础;支付也是线上、线下的流量、数据连接器,囊括供应链端、资金端、运营端、消费者,是商业全链条的入口和出口,支付系统上沉淀着大量的信息流、资金流、技术流,可以很好地催生多元化服务,丰富支付生态"营养结构"内容。

因此,支付企业在构建支付生态时需要充分挖掘数据价值,创新多元化服务。

■支付 + 产业

产业是支付生态圈的"生物群落",既适应着环境,也改变着生态面貌。

支付作为底层基础设施,可以深入产业价值链中发挥"融合"作用,构建良性的共生系统。这一点在之前已经有了充分论述,这里强调一点:支付正在成为跨行业的"切口",通过支付可以实现金融、服务、硬件、软件等更多细分垂直行业的整合、协同，从而实现从支付行业到大产业生态的转型。

■ 支付 + 跨境

跨境是支付生态圈的新"生长空间"，使生态能量得以更广泛地输入和输出。

在国家"一带一路"倡议等政策效应带动下，越来越多的中国企业与世界接轨，跨境电商发展、崛起，支付机构"出海"成了新风口。

另外，随着各国电子钱包业务逐渐兴起，世界移动支付需求爆发，需求更为多元化、深度化。而作为中国"新四大发明"之一的移动支付，有着独到的成长路径和优势，其行业垂直化解决方案以及聚合支付等创新性支付方式将成为推动全球移动支付发展的"加速器"。

目前，"出海"已经成为微信支付、支付宝双巨头和"头部"支付企业集团新的发力点。

当前支付市场竞争日趋激烈，支付机构应当凭借自身对行业的深度理解，从支付场景切入整个支付生态的构建中，这既是支付机构顺应产业互联网、金融供给侧结构改革、全球化发展的大势，也是支付企业步入支付下半场，自身产业升级转型的必由之路。

第四章
规律把握

　　任何行业规律都是长期演进的结果。这种演进中有时代的冲击，有认知的革新，有市场的纷争。在支付下半场开启之时，支付行业金融之"道"与盈利之"法"并进，新一轮发展规律逐渐显露清晰。

PAYMENT
ECONOMY

属性——金融与数据

支付下半场是新旧势力不断加入、新旧服务模式不断叠加的过程。在支付圈，除了传统的银行、第三方支付机构，我们看到的还有以科技企业、互联网巨头为代表的新生力量的加入以及其催生出来的新服务。支付圈越来越令人眼花缭乱。

然而，我们不能因为外部环境的变化，仅仅去追求风口、趋势、热点以及服务的花样招式，更要回归支付行业的本质属性。

支付行业的本质属性是支付企业发展的"道"，"道生一，一生二，二生三，三生万物"，也只有弄清行业的本质才能"生"出创新服务和创新模式，真正探索到新的发展方向。

电影《教父》里有句台词："在一秒钟内看到本质的人，和花半辈子也看不清一件事本质的人，自然是不一样的命运。"

如果你细心观察，真正厉害的人都是直击本质的高手。

如比尔·盖茨看到了互联网的本质是技术工具，一手创造了微软技术帝国；张朝阳看到了互联网的本质是信息加工聚合，打造了搜狐信息中心，并联动娱乐市场，延伸出新闻、视频、搜索、游戏等主要业务线；马化腾看到了互联网的本质是信息沟通，通过 QQ、微信，构建起了庞大的社交帝国……

任何行业的发展都离不开其本质属性，且这种本质属性并非单一和固定的，而是会随着时代的发展而发生更迭。

今天的支付与曾经的互联网一样，已经充分融合了信息与技术，特别是以第三方支付为代表的非银支付，诞生10余年来，创新层出不穷，交易规模快速膨胀，成为业界、学界乃至全社会关注的焦点之一。关于非银支付的本质属性，人们也是各执一词。

在银行看来，支付是其金融服务体系的基础和支撑，支付结算排在金融资产与负债之后，对其的重视程度远远不及前二者，非银支付只是其"补充"机制；在第三方支付机构看来，支付是金融业务也是数据业务；在新入围的企业看来，支付主要不属于金融业，而属于数据业或信息业。

我作为一个比较早进入支付行业的金融人，几乎是移动支付爆发和这几年金融政策改革发展的亲历者和参与者，让我感到震撼的是新金融包括互联网金融、金融科技，特别是移动支付带来的变革。这种变革几乎没有预先的顶层设计、没有计划目标甚至方向，就那么自然而然地发生了，这可能让发起者、参与者都始料未及。

就像马云创建支付宝，一开始的出发点只是想解决淘宝上买与卖的交易问题，以淘宝平台本身作为第三方担保，让买家付款之后能够成功收到货。但是谁又能想到支付宝从纯担保的第三方支付工具，很快发展成为理财平台，并在普惠金融的基础上改变着整个社会的交易方式。

作为参与者，我最初进入第三方支付市场，也只是看到了第三方支付的市场红利及普惠金融和服务 B 端企业发展的市场空间。没想到第三方支付发展到今天，除了各种支付创新，各类第三方支付机构更是在消费密集的快消、餐饮、零售等领域发挥着越来越重要的作用。以大数据为引领，"支付 +"战略加快实施，不断深入各个产业链。

另外，在当今的支付市场，银行已经与第三方支付短兵相接，第三方支付机构崛起，一定程度上与银行构成了竞争关系，从最初的线上支付入手、POS 收单到移动支付、结算、融资、借贷、下沉 B 端，第三方支付机构的用户群、业务类型与银行重叠范围日益增加，不断蚕食银行业务，银行纷纷开展相关的移动支付业务，试图收复

"失地"。然而目前这场较量，第三方支付借助"先发优势"以及创新性思维，并未落于下风。

因此，根据我自身的从业经验以及对支付产业的认知，今天的支付不论是对于银行来说还是对于第三方支付机构以及其他企业来说，其都具有金融和数据双重属性。

■ 金融属性

现代汉语词典对金融的解释是："货币的发行、流通和回笼，贷款的发放和收回，存款的存入和提取，汇兑的往来以及证券交易等经济活动。"换言之，金融就是货币的流通，其本质就是价值的交换。

而支付是收付款人之间货币资金的转移，其转移的主要形式表现为支付信息的传输和账户余额的变化。根据上文对支付三个环节的分析，信息传输属于清算范畴，账户余额变化属于结算范畴。从操作流程来看，大部分金融业务最终都会落于支付结算服务，即便是存贷业务也只是规则不同，因此支付本身自带金融基因。

当然，通过银行完成的支付属于金融业务，这是显而易见的。第三方支付虽然不掌握最终的结算资金，处理的不是金融业务，仅仅是清算业务，但这与中国银联完成跨行清算业务并无实质差别，指令发起、传输、验证均在第三方平台完成，第三方系统只是割裂了原来银行与商户的直接关联，支付整个链条的运作原理并未发生改变。

另外，今天第三方支付平台依靠自身的创新发展，业务范围已经不断向金融领域延伸，对商品市场秩序和货币供应量、货币价值均产生了影响。同时，在支付链条中传递的不仅有技术信息，还有用户的金融信息。

因此，不管是银行支付还是第三方支付，金融都是支付的第一属性。

■ 数据属性

数据信息最初只是支付的"副产品"，银行和第三方支付机构一开始只是将其当作业务分析材料。但是互联网信息技术快速发展，信息收集和存储成本极大降低，数据呈几何级增长，并爆发出新的应用潜力，成为商品和盈利点。大数据概念成为支付圈的共识。

现在很多人都已经清晰认识到商业交易中的信息流、资金流的嫁接点就是支付，换言之，支付就是产生高价值数据的核心领地。同时互联网突破时空界限，现代企业信息的流动不再受制于物理边界，更多的是信息、资金的流动及信息分析、决策。因此，互联网和现代金融具有相同的"数字基因"，支付领域是发展大数据产业的绝佳领地。

根据 2018 年 7 月中国互联网协会发布的《中国互联网产业发展报告（2018）》显示，2017 年中国大数据市场规模达 358 亿元，规模已是 2012 年 35 亿元的 10 倍，预计 2020 年市场规模将超过 700 亿元。[1]如图 4-1 所示。

图4-1 2013—2020年中国大数据产业市场规模

数据来源： 中国信通院。

中国大数据交易市场形成，交易需求旺盛。这无疑给银行和第三方支付机构带来新的发展动力。

因此，数据已经成为支付的第二属性，各商业银行、第三方支付机构都已开始谋划支付业务大数据战略。

---

[1]《中国互联网发展报告（2018）》发布 [EB/OL].(2018-11-06)[2020-09-15].http://www.cac.gov.cn/2018-11/06/c_1123672145.htm.

事物属性是我们利用这一事物的依据。我们只有明白了行业的本质属性是什么，才能明确需求是什么，要坚守什么、改变什么，从而拥有打开未来的钥匙，真正促进行业繁荣发展。

2 原则——信用与风控

当信用货币几乎成为世界上所有国家采用的货币形态，其背后最重要的支撑是什么？国家信用！国家以自身信用为担保发行信用货币，国民出于对国家的信任选择接受国家发行的信用货币。

当金融的作用经互联网金融的演绎，广泛渗透到生活的方方面面，一直以来与它形影不离的词是什么？风险！风险体现在市场、产品、机构、交易等方面，影响着金融机构的生死存亡，更影响着大家的直接利益。

而支付与货币、金融有着紧密的关联，必然也依赖于信用并存在风险，且有着行业自身独特的发展特点和必然要遵守的底线原则……

历经互联网的震荡、颠覆和变革后，溯流从源，我们需要从一个更宏观的维度"货币—金融—支付"三者的关系来看待支付，因为任何的人类商业行为都离不开这三者的推演。

货币的本质是一般等价物，它服务的是人类交易，实现了物品、劳务与货币所有权的互换转移。

然而，不管是实物货币，还是金银货币，抑或今天的信用货币，其依赖的都是信任，是大家对充当货币的这种物品（不管是实还是虚）的价值具有普遍接受性。也就是说，货币形式就是一种信用工具，出于信任，人们接受它、使用它，不仅将它作为交换的媒介，还用来清偿债务、支付劳动报酬、投资、缴纳税赋。也是基于这种信任本质，人类直接抽离出这种信任，发展出信任货币体系，在这个过程中交易成本递减和货币信用风险递增又是货币发展的两个本质规律（并直接影响、作用于金融和支付）。

金融以货币本身为经营目标，通过货币融通使货币增值的经济活动，体现在“用钱生钱”。信用在金融领域有着更为直接的体现，如信用是以偿还和支付利息为条件的借贷行为，借贷行为本身就存在着高风险。

而支付，是货币资金的流通通道，金融是其第一属性，每一种支付工具、方式的流行，都是一种信用担保的外化，支付本身既是一种信任行为，也是一种风险行为。只是谁也没有想到在步入互联网时代之后，支付行业并未落后于金融行业，其在信用与风险方面的表现居然如此令人惊喜。

一直以来商业银行背靠国家这棵大树，拥有强大的信用背书，是大家信任的金融、支付机构，也担负着保证资金安全、支付安全的重担。但是，移动支付、互联网金融爆发，第三方支付机构开始成为消费者和商家的"信用中介"，打破网络虚拟交易的信用瓶颈，并改变着支付过程中人与人之间的信任机制。

如前面所说，作为虚拟账户模式的创先者支付宝，其起家就是以自身企业信用为担保，解决网上交易的信用问题，更是推出芝麻信用，通过分析大量的网络交易及行为数据，对用户进行信用评估，帮助互联网金融企业对用户的还款意愿及还款能力作出判断，继而为用户提供快速授信及现金分期服务。

然而，随着支付市场、互联网金融市场的发展潜力日益显现，部分支付机构通过股权投资等方式广泛涉足银行、保险、证券等金融行业和一些实体行业，形成了事实上的金融控股公司，混业经营加剧，信用风险越来越不可控。

如传统的支付遵循的是"四方模式"，即发卡机构 ❶

---

❶ **发卡机构**：向持卡人发行各种银行卡，并通过提供各类相关的银行卡服务收取一定费用，是银行卡市场的发起者和组织者，是银行卡市场的卖方。

（如银行）、收单机构❶（如付临门）、商户和卡组织❷（如中国银联）四方参与，商户通过手机支付时，刷的仍然是银行卡，背后的清算方式与银行卡交易相同，都要通过中国银联这样的清算平台。但是支付宝和微信后来开创的直接连通银行与商户的"三方模式"，绕过了中国银联，也绕过了监管机构。

虚拟账户资金是商户存入的，是第三方对商户的负债，而第三方平台对这些资金的处理方式是存入银行，体现为银行对第三方的负债，商户的资金脱离了银行的视线，存在一定风险。举个例子，用户通过支付宝向其他人的支付宝账户转账，支付宝只需要通过自身在不同银行的账户之间划转资金就可以完成这个过程，这样一来交易信

---

❶ **收单机构**：与商户签有协议或为持卡人提供服务，直接或间接凭交易单据（包括电子单据或纸质单据）参加交换的清算会员单位，主要负责特约商户的开拓与管理、授权请求、账单结算等活动，其利益主要来源于商户回佣、商户支付的其他服务费（如POS终端租用费、月费等）及商户存款增加。

❷ **卡组织**：信用卡组织，由成员组成的国际性或区域性支付卡组织，卡组织负责建设和运营全球或区域统一的支付卡信息交换网络，负责支付卡交易的信息转换和资金清算，制定并推行支付卡跨行交易业务规范和技术标准。目前国际上有六大卡组织，分别是威士国际组织（VISA International）、万事达卡国际组织（MasterCard International）、美国运通国际股份有限公司（American Express）、中国银联股份有限公司（China UnionPay Co.,Ltd.）、大来信用卡有限公司（Diners Club）、JCB日本国际信用卡公司。

息无法通过跨行资金清算平台被监管方直接采集，监管机构也难以在第一时间发现洗钱、套现等非法行为。

因此，中国人民银行牵头建立网联，回归"四方模式"，将那些脱离监管视线的虚拟账户资金重新纳入视线范围，网联也被称为"网络版银联"，如图4-2所示。

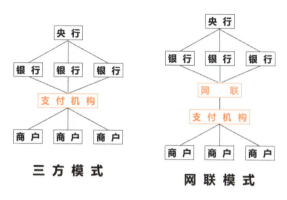

图4-2　两种模式对比

根据央行发布的《中国人民银行支付结算司关于将非银行支付机构网络支付业务由直连模式迁移至网联平台处理的通知》（银支付〔2017〕209号）显示，从2018年6月30日起，包括支付宝、微信支付在内的第三方支付机构将被全部纳入网联清算平台，这也意味着第三方支付机构原本的直连模式终止。

因此，围绕着信用与风险，支付机构特别是第三方支付企业有着自身独特的发展原则和必须遵守的底线。

■ 信用是发展基石

信用是第三方支付机构得以生存的基础和长久发展的基石。第三方支付因信用而兴起，并因信用极大地拓展了更多的支付场景，如酒店预订、租赁设备时就可以通过"信用支付"获得预授权。未来基于"信联"，第三方支付平台上的用户信用信息也将成为全国个人征信体系的重要组成部分。

其实，不仅对于支付企业，对于任何企业来说信用都是非常重要的资产之一，只是支付企业相比其他企业来说，其金融属性让其对信用资产有着更为重要的依赖性。信用风险的发生会导致第三方支付机构的经营链条中断，最终会危及整个金融市场，信用缺失也会导致社会成本和交易成本的加大，不利于资源的有效配置和市场利益最大化。伴随着细分行业的增多，支付企业必然对金融体系、支付系统、信用体系有着更为强烈的需求。

■ 合规是生命线

鉴于支付与货币、金融的特殊关系，一直以来支付领域都有着有别于其他行业领域的严格监管机制。

2018 年央行对支付机构开出了近 150 张罚单，金额达到 2 亿多元，更有多家机构领到了大额罚单。2019 年央行延续了这一高压态势，尤其是监管部门对数据安全、消费者权益保护、系统安全、反洗钱的持续关注，加之随着网联、信联以及其他监管政策的推出，严格监管将常态化，合规是支付机构的生命。

另外，合规也是一种"信用保证"，甚至能够积累支付企业的信用资产。如正规牌照的取得，不仅在手续上合规，也是企业的一种信任背书。在法律、监管体系下的合法运营，则是取得用户信任的保障。

同时，合规中也蕴含着新的发展方向。比如对消费金融行业来说，政策整体以鼓励和扶持为主，只是对于其中带有"高利贷"性质的部分现金贷产品，监管部门于2017年4月开始出手整顿，高息模式难以持续，行业重归普惠的定位。

2018年央行科技司司长李伟曾表示，下一步，监管机构将引导支付企业深挖金融科技潜能，提升支付清算服务水平，利用AI、数据挖掘等技术完善支付风险监控模型，助力解决小微和民营企业融资难、融资贵等问题，使支付服务深度融入实体经济。

■ 信用风险防范是必然操作

支付，特别是第三方支付作为互联网金融的一个重要组成部分，发展至今出现了以下四个方面的信用风险问题。

第一，沉淀资金安全风险。由于在通过第三方支付机构交易的过程中资金收付存在时间差，造成资金留存在第三方支付机构中，这样会存在两个问题：一是利息，搁置在第三方支付机构中的资金随着业务量的扩展将会非常庞大，并产生庞大的利息，这部分利息最终由谁获得；二是账户资金的所有权，当买方在第三方支付平台上购买商品或者服务时，这部分资金被称为在途资金，如果第三方支付机构发生经营危机，有可能引发系统性支付风险。

第二，信息泄露风险。用户和商家使用第三方支付机构进行交易，必须在第三方支付机构开设账户，需输入银行卡号、身份证号等保密信息，这些个人信息具有隐私权和财产权的双重属性，一旦由于系统漏洞导致信息泄露或人为故意地售卖信息，就有可能造成用户和商家严重的经济损失。

第三，交易风险。由于第三方支付机构对交易双方的身份认证难以确切核实，不掌握交易的因果性，很难辨别资金的真实来源和去向，如果缺乏严格的风险预警和控制机制，第三方网上支付系统很可能成为不法分子非法转移资金、套取现金及洗钱的便利工具。

第四，系统安全风险。当今支付系统以开放的互联网为依托，通过网络进行数据传输和存储，因此容易遭受病毒和黑客的恶意攻击，出现假冒客户身份、非法窃取或篡改支付信息等问题。

对于支付机构来说，防范风险是重中之重，但产品、服务也与风险相伴相生，比如要办理信用卡、信贷产品等，风险不可能降为零。支付机构真正要做的是配合监管工作，将所有外部的监管要求融入自己风险管理的规范、要求、流程、系统里去；风险前置，在设计产品或考虑流程时，风险团队需加入其中，参与设计，从支付机构与客户签约，到发生交易，乃至最后与支付机构终止合作关系，整个过程都要把控到位。

对支付机构来说，每项新业务背后都暗藏着风险，做好风控是重中之重，这不仅仅是应监管机构的要求，更事关支付机构的声誉，以及对经济损失的控制。

虽然今天支付领域的一些业态整改仍未结束，但整体已无大碍，对支付机构来说，最大的问题不是整改，而是信用构建和风险防范，在合规中如何更好地突围发展，寻找新的发展空间。

3 利润——驱动与被驱动

> 我们生活在这个世界上，每天一睁开眼睛便开始因各种各样的动机而奔忙。
>
> 经营企业同样需要动机，动机是影响企业发展的重要因素。而一个企业最大的动机是什么？追求利润！毕竟，亏本的买卖谁也不愿意做。
>
> 今天支付机构亦是如此，消费金融、普惠金融、大数据产业的崛起，支付市场发生演变催生了很多新的盈利方式。支付作为市场的一项基础设施，支付机构追求利润必须合规，正大光明，真正如稻盛和夫说的那般"动机至善"。

2019 年，美团推出了名为"买单"的信用支付❶产品，模式与支付宝"花呗"如出一辙。很快腾讯内部孵化

---

❶ 信用支付：一种在交易过程中,货款由实力雄厚公信度良好的第三方(如国有大银行)托管和监管的支付方式,信用支付保障了买卖双方在交易过程中的公平和安全。

的"分付"低调上线，引发业内极大关注。

从"花呗"、京东"白条"，到携程和去哪儿的"拿去花"、唯品会的"唯品花"，再到美团的"买单"、腾讯的"分付"，从电商、出行到社交，信用支付的渗透呈现出无限扩展的趋势，支付金融服务倾向也日益明显。

为什么这些巨头企业争相挺进消费金融市场？

这是因为中国消费金融市场近两年正在加速升温。国家金融与发展实验室发布的《2019年中国消费金融发展报告》显示，目前我国消费金融获得率偏低，仍有近40%的成年人从未获得过消费金融服务。消费金融能够扩大内需带动消费，未来五年还有较大发展空间❶。

其实，不只消费金融市场，普惠金融、大数据产业、征信服务等细分领域无不如此，都存在巨大的市场潜力，也都出现了支付机构争相瓜分市场的火热场面。而促使这些"运动"发生的原因来自两个方面。

一是基于支付服务价格较低，白热化乃至恶性竞争以及政府干预支付服务价格后，支付机构"被迫"进行的新一轮"利润扩张"。

二是时代发展，新的市场需求出现，支付机构凭借自身的支付系统具备的信息流、资金流、数据流先发优势，

❶ 国家金融与发展实验室：2019年中国消费金融发展报告（附下载）[EB/OL].
(2019-09-26)[2020-09-15].http://www.199it.com/archives/942415/html.

主动进行新一轮的利润扩张，与保险、信贷、证券等金融业务的新一轮互相渗透和融合正步入快车道。

可以说，今天的支付在进入新技术、新金融、新体系、新格局之后，支付收益特别是第三方支付收益呈现多元化趋向，包含了有形收益和无形收益，如图 4-3 所示。

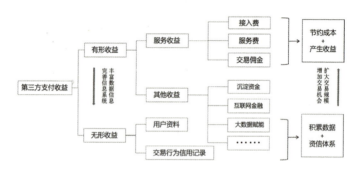

图 4-3　第三方支付收益

然而，通过前面的分析，我们知道早期第三方支付机构的主要盈利来源于接入费、服务费、交易佣金等服务收益。但是国家已经在大框架上让费率穿上了"透明装"。

比如，每一个银行卡收单业务都必然涉及 MCC（商户类别代码）。MCC 由收单机构为特约商户设置，用于标明银联卡交易环境、所在商户的主营业务范围和行业归属，是判断境内跨行交易收益分配标准的重要依据。

中国银联和国家发展和改革委员会参照 ISO 国际标准《金融零售业商户类别码》，MCC 大类区别定价不同行业的刷卡费率从 0.38% 到 1.25% 不等，如一般类是 0.78%，民生类是 0.38%，餐饮娱乐类是 1.25%，甚至还存在零费率的公益慈善类和执行封顶费率的房车批发类，行业价差相当可观。

但是今天，市场竞争激烈，很多支付机构为了争夺市场不得不降低费率乃至零费率服务，甚至冒险采用跳码操作，如将餐饮类交易上升到民生类，以收取更多的手续费。而这是中国银联明令禁止的，如果监管方查到第三方支付大规模的跳码交易，会对其进行处罚，严重者甚至会吊销其支付牌照。另外中国银联、网联也正在推行费率统一，如果真正实施了费率统一，依靠费率为生的支付企业日子将越来越难过。

一方面，第三方支付机构依靠费率生存越来越难；另一方面，在互联网金融和金融科技日新月异的创新中，第三方支付机构作为创新基础和基石的角色不可或缺，新的业务和盈利方式也变得越来越重要。因此，接下来我们将重点谈谈支付领域在沉淀资金、互联网金融、大数据赋能及征信服务等方面的优势。

■ 沉淀资金

前面已经说了支付系统中会有相当大体量的沉淀资金，虽然对于沉淀资金的管理，央行牵头推出了网联，但是现有的支付机构直连银行的模式不会立刻被叫停。监管部门给予了支付机构一段相当长的缓冲期。可以预见，由此衍生出的"理财大战"还将继续。

不同的是，支付宝现金流的基础来源是电商，微信支付则是从社交切入，其他的支付机构则是从各自的优势领域切入，比如，付临门推出的一些面向商户端的理财服务，就是类似于企业级的余额宝。

不过可以肯定的是，未来这种盈利模式可能会走到尽头。

■ 互联网金融

不论是从支付宝衍生的余额宝的走红，还是微信理财通的上线，都意味着互联网金融产生的收益非常可观。而第三方支付又可能凭借资金闭环运行的优势，弥补互联网金融发展的先天缺陷。

比如防范 P2P 风险，因为支付体系上会积累大量的信息和数据，从而进行信用分析与评价，资金闭环能够实现 P2P 平台账户与用户账户分离，为用户资金增加风险隔离手段。同时许多第三方支付企业提供的是垂直行业的支付和金融服务方案，在旅游、航空、快消、娱乐等行业中已经有了资金托管技术和经验。

因此有人认为第三方支付实际上就是互联网金融创新

的主链条，在每一个节点上产生新的互联网金融模式。确实，以支付宝为代表的"信用担保"发展模式本身就是为了防范交易风险出现的，而付临门等集团企业支付模式则可视作附在传统金融产业链条上的延伸，本身就有信用中介、账户管理、资金流控制等优势。这些要素正是任何一笔互联网金融交易所必需的。

■ 大数据赋能

其实这一点在前面讲了很多次，这里不再赘述，只是再强调一点，支付系统带来的直接的数据流和信息流，将是云计算、大数据挖掘的"宝库"。

■ 征信服务

征信是依法采集、整理、保存、加工自然人、法人及其他组织的信用信息，并对外提供信用报告、信用评估、信用信息咨询等服务，帮助客户判断、控制信用风险，进行信用管理的活动。

当今的支付业务渗透到各行各业，特别是深入某个行业的第三方支付积累了整个产业链条的交易信息，因而可以合理有效地评定产业链上的企业的信用，如果与银行等其他机构合作，可以很好地为产业链上下游企业提供授信服务，降低成本，既能解决信息不对称问题，又能通过资金的闭环进行风险防控。

另外，2017 年 1 月 5 日，央行印发《关于做好个人征信业务准备工作的通知》，宣布授予八家机构征信资格，其中就有芝麻信用和腾讯征信。一年后这八家机构运转顺利，央行开始推进第二步的工作：成立"信联"，实现信息整合。

也就是说，以前大家去银行贷款，抵押、担保很难，现在只要在支付宝、微信里守信，银行也将为其敞开大门。以前有的人在银行失信贷不到款，就去找网贷平台，现在全面打通，一处失信，可能全网、全行业"封杀"。"信联"的成立，可以让国家更好地掌握各家公司手里的征信信息，同时也会让第三方支付平台用户的信息价值升级。

当然，除了以上 4 个盈利方式，支付机构在未来肯定也会增加其他的盈利方式。

"君子爱财，取之有道"，这个"道"是上两节所讲的无法改变的金融本质及必须遵守的金融规则，以及支付为民、便民的业界良心。

第五章
技术智造

　　大数据将会给支付行业创造什么样的价值？AI、IoT 如何影响支付行业乃至整个社会？区块链为传统支付行业带来挑战还是革命？从 IT 到消费互联网，再到目前渐成潮流的产业互联网，技术主导的商业革新正日益成为支付变革中的强大推力。

PAYMENT
ECONOMY

1

大数据"筑基"

2018年瑞士达沃斯论坛上，京东金融CEO陈生强提出"无界金融"，并解读了两个内涵——数字化和全场景化，其中：

"数字化，指的是用户、用户行为、产品、业务流程和交易场景数字化，这里包括了结构化的数据，也包括了大量非结构化的数据……有了数字化的基础，全场景化则变成可能……"[1]

同年，经济学博士周子衡提出数字经济发展的三个阶段——数字支付、数字法币和数字财政：

个人端的数字支付是中国数字支付体系中最具活力的部分，是数字经济发展的第一个增长级；发行与运行数字法币打开数字经济对公、对私场景会成为第

---

[1] 京东金融陈生强：让科技通融世界 [EB/OL]. (2018-01-24)[2020-09-15]. http://www.xinhuanet.com/tech/2018-01/24/c_1122308/89.htm.

二个增长级；数字财政则成为第三个增长级。❶

在数字经济发展浪潮中，大数据不仅是支付属性，也是构建支付系统的基础。

十几年前，许多大型银行还坚信银行的地理位置是为用户提供服务所必须考虑的因素。但是近十年，一方面数字银行崛起，银行及其所有活动、计划和职能开始全面数字化、自动化；另一方面移动支付技术和应用普及，数字支付已经彻底融入人们的日常生活，中国成为世界领先者——"数字"早已成为支付服务方式和流通方式，打破了时空限制。

然而不仅仅如此！

当劳动力、土地、资本、能源等传统生产要素对经济增长的拉动作用减弱时，"数字"成了"新石油"，以数据为关键生产要素的数字经济正在成为当今时代全球经济增长和科技创新的重要引擎，全球新一代信息产业处于加速变革期，大数据技术和应用正在不断深化和突破。

现在已经有越来越多行业和技术领域需要大数据分析系统，如零售、餐饮行业需要大数据系统实现辅助营销决

❶ 周子衡.数字经济发展三阶段：数字支付、数字法币与数字财政[J].清华金融评论,2018(4)：63-64.

策，各种 IoT 场景需要大数据系统持续聚合和分析时序数据，金融行业需要大数据进行信贷风控……

而当今的支付凭借移动终端及云计算等信息技术进行用户资料和数据采集、统计、分析、跟踪、监控，并不断拓展数据广度，挖掘数据深度，数字化和算法不仅成为技术基础，而且形成了以大数据作为业务发展驱动力的日益规范化的大数据业务流程，如图 5-1 所示。

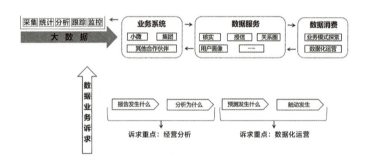

图 5-1 业务流程

相比于其他大数据分析系统，支付系统大数据拥有以下两大优势。

一是数据规模大。不管是作为资金流动大动脉的银行，还是毛细血管的第三方支付机构，随着业务在各个领域的拓展和深化都已经积累了个人、公司等海量数据。

二是数据规范、安全。支付系统上每条交易数据真实、可靠且完整，交易数据均是真实交易记录，都包含了完整的发起方、发起账户、收款方、收款账户等信息，并严格保密。

另外，如果想要了解中国经济冷暖，分析银行卡交易数据便可获知各行各业的发展态势；想要了解房地产调控政策，从银行卡房地产类交易数据就可以窥视一二……从这个角度讲，支付数据信息不仅涉及个人信息安全，也涉及国家安全，一旦交易支付总量信息和信息结构被别有用心的机构、组织利用，将产生巨大的负面效果，因此对支付系统内的数据管理也将更为严格和规范。

因此，作为金融、市场基础性建设之一的支付系统，基于自身的行业渗透能力和大数据属性，可以是各行各业通用的大数据服务平台。而对支付机构来说，则是要抓住时代机遇以大数据"筑基"，将支付系统升级为大数据分析平台。

那么，如何升级？

■技术升级

套用阿里巴巴董事局主席兼首席执行官张勇在 2019 年云栖大会上的讲话：大数据是石油，算力是发动机，共同构成支付系统大数据分析平台的核心能力❶。那么这个

❶ 原表述为："如果说大数据是石油，算力就是发动机，共同构成面向数字经济时代的核心能力。"

算力如何体现？在支付系统的技术创新和运用上的体现就是连接更快，处理速度更快。

如银嘉金服发展至今已经获得多项技术专利，自主研发的智能云POS服务平台系统（简称云POS服务平台）、数据分析系统V1.0、付临门收单管理系统V2.0、德颐收单多渠道接入平台软件（简称收单多渠道接入软件）V1.0……在接入能力、计算能力上都有着新的突破，改进了传统技术分析能力不足、业务数据访问流程复杂、处理速度过慢等缺陷。

■ 构建完整数据生命周期

数据生命周期是一个系统中数据从创建和初始存储到过时被删除的整个流动周期。因此，支付系统上升为大数据分析平台，应当在自身技术的基础上搭建包含采集层、存储层、处理层、应用层、管理层等完整的大数据分析架构。

采集层，是对数据源，主要是支付系统交易数据的处理，在进行数据采集时需要对数据源进行统一的格式化处理。

存储层，将格式化后的数据进行存储，存储有多种方式，采用哪种方式主要取决于系统技术，但存储时需要注意存储逻辑，以便查询、访问、分析、汇总，实现系统对大数据计算能力的拓展。

处理层，即核心层，对系统采集的结构化和非结构化数据进行有效整合，包括数据查询、数据重组、交互式报表❶、数字字典❷等，充分发挥系统数据挖掘、分析能力。

应用层，为各种外部应用提供服务和接口，如反洗钱、防电信诈骗、区域信息聚合、产业信息聚合等，充分挖掘支付系统大数据的价值。

管理层，对整个数据生命周期实行统一管理，主要改善、整合、管理和应用数据，如图 5-2 所示。

图5-2 构建完整数据生命周期

---

❶ **交互式报表**：能够根据用户的查询条件，提供差异化的数据报表，为用户的数据查询提供便利，同时能够批量处理用户提供的报表。
❷ **数字字典**：通过采集工商、税务等信息，构建与区域、产业相关的数据字典，为数据应用提供服务。

■安全管理贯穿整个数据生命周期

支付对交易数据的安全性要求非常高，需要建立贯穿整个数据生命周期的数据管理和安全模块。

数据管理，围绕数据处理任务进行设计，重点考量数据源格式设计、数据生命周期以及任务处理的调度等，以提高系统数据管理质量，同时以数据备份和数据恢复为抓手，确保数据管理有章可循。

安全模块，核心在于冗余存储和并行网络控制，通过建立严格的访问控制协议，提升大数据分析平台的安全性。

伴随着数字科技加大赋能，支付系统的"数字时代"已经到来，升级大数据分析平台只是第一步，要完成整个系统数字化运用和大数据业务生态，还需要使用 IoT 与 AI 创建的新连接方式。

2

新触角：IoT+AI

当我们还在为手机支付、扫码支付、刷脸支付惊叹时，无感停车悄然而来，人们只需要将车牌号与支付系统绑定，无须任何额外设备，就能实现自动计费，"秒过"停车场。无感智能加油站、无感自助超市也日益兴起……

无感支付来了！它是利用事物某种独一无二的特征，绑定相关的支付工具，然后通过生物识别、图像扫描等方法，从而完成支付的方式。

其实，这种变革是 IoT 与 AI 的功劳，它们是支付的"新触角"——更加智能地连接万物，从而开启新一轮支付"智化"……

曾经阿尔法狗（AlphaGo）在围棋峰会战胜世界排名第一的职业选手柯洁，在中国完成了一场全民科普，人人得知了 AI 的概念和重要性，很快我们也看到了无人驾驶、机器学习、智能识别……事实上，这已是一个国际技术竞赛的重要领域。

曾经书信很慢，远方很远，现在轻触一下电脑或手机就可以了解千里之外的情况，发一条信息就可以控制家里的电器，一个位置共享就可以知道你所关心的人或物品在何处……IoT 逐渐深入我们的生活。

那么，二者到底有什么区别和联系？

IoT，通过各种信息传感器、全球定位系统、红外感应器、激光扫描器、射频识别技术等各种装置与技术，把物品与互联网连接起来，进行信息交换和通信，以实现智能化识别、定位、跟踪、监控和管理的一种网络。

AI，研究、开发用于模拟、延伸和扩展人的智能的理论、方法、技术及应用系统的一门新的技术科学，简单地讲就是机器通过数据学习，模拟人的思维做事。AI 通过分析、处理历史数据和实时数据，可以对未来的设备和用户习惯进行更准确的预测，使设备变得更加"聪明"。

简单理解，IoT 就是一个四通八达的数据通道，负责数据采集，AI 就是一个"智能大脑"，负责数据分析，它们有一个共同点——大数据处理，如图 5-3 所示。

如今，Android（安卓）或 Apple（苹果）商店的许多移动应用中都会出现 IoT 和 AI 的影子，越来越多的行业及应用将 IoT 和 AI 结合诞生 AIoT——"万物智联"，许多移动应用程序的开发都在转向智能零售、汽车联网、可穿戴设备、智能城市等。

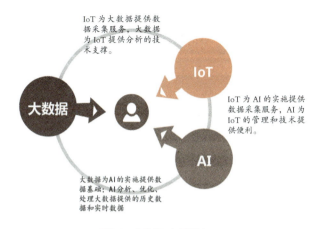

IoT 为大数据提供数据采集服务，大数据为 IoT 提供分析的技术支撑。

IoT 为 AI 的实施提供数据采集服务，AI 为 IoT 的管理和技术提供便利。

大数据为AI的实施提供数据基础；AI分析、优化、处理大数据提供的历史数据和实时数据

图5-3 大数据、IoT和AI

另外，5G 时代的到来为智能连接新时代扫清了道路，IoT 扩张与 AI 用途扩展是其特点。

通过 4G、Wi-Fi 的洗礼，我们的宽带连接无处不在，而 5G 不仅能够让我们在任何时间、任何地点享受快速的联网服务，更能提供史无前例的超高质量移动网络体验。与此同时，企业和消费者都会因为 Tactile Internet（触觉互联网）受益，只需要通过指尖、面部等就能够控制远程机器和设备。在许多场合下，运营商完全可以消除网络延迟，让个体通过 VR（虚拟现实技术）、AR（增强现实技术）与其他人虚拟交流——AIoT 将步入发展的快车道。

然而，没有哪个行业比支付行业更了解 AIoT 的影响，很多支付机构已经在其业务中使用了相关技术。

比如，新闻中经常可以看到不法分子通过偷拍或对

调二维码的方式窃取用户信息和财物，但现在的支付技术已经可以做到在支付时隐藏用户信息，特别是刷脸支付利用了类似 AlphaGo 的深度学习技术，通过日积月累的数据学习，视觉识别变得越来越准确，已经能够很好地预防冒用盗刷等问题。而随着 IoT 技术的逐步成熟和普及，支付领域有望进入"万物皆终端"的新阶段，智能手环、手表、汽车、电视等都可以成为支付的受理终端。

也许今天 AIoT 对支付的影响尚浅，仅仅表现在优化支付效率、预防诈骗、防控风险等，但与过去不同，过去新兴技术带来的变革更多的是在硬件与渠道层面，如 ATM 机、数字银行等，而 AIoT 则更多集中在软件与服务的"智化"上，包括了场景、交互、载体、传输、处理和账户等环节。

随着用户与产业机构对支付随时随地、弱信用验证、便捷、安全、金融普惠等服务需求的增强及 AIoT 技术的发展普及，外加 5G 高速时代的开启，AIoT 将会对支付产生颠覆性的影响，如图 5-4 所示。

■ 人即载体

人即载体，支付系统中为了便于识别人的身份，现有的个人信息载体有着具体的形式，如实体卡、智能手机账户等，而 AIoT 能让身份识别这一过程更加便捷、高效，

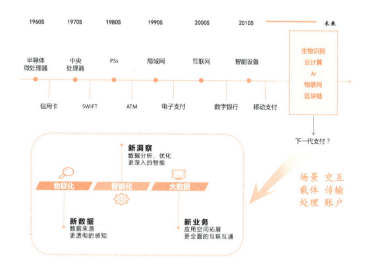

图5-4 下一代支付

通过对人无意识的行为举止（如行走体态、说话语速等）"更自然"的交互方式（如语音交流、面部捕捉等）进行特征采集，最终让人可以借助更少甚至无附属物的情况下完成身份识别（如无感支付），实现人即载体。

也就是说，在人即载体的情况下，人与支付系统的交互将不再依托具体载体，在各场景的交互将从主动交互变成无感交互。

对支付机构来说，当支付方式向着人即载体、无感交互转变时，业务将更加多元化，也需要匹配全新的软硬件设备。以线下零售场景为例，目前其主要围绕收银、安全两大功能配置诸如POS机、扫码枪、收银系统、监控摄像头、报警器等软硬件设备。但在 AIoT 驱动下，门店软硬件配置将产生明显变化，对应的业务也将从收单转向运用 AI 和 IoT 技术提供位置分析及近距离营销、店内视觉监控等各类服务。

■ 场景多元化

AIoT 形成的软硬件一体化系统具有较高的迁移复制及自我学习能力，能让支付系统工具属性更强，也就是说，AIoT 不仅会对零售、金融等传统支付场景进行改造，未来还将出现诸如停车、医疗、家居等更多的全新支付场景。而新的应用场景需要匹配新的支付解决方案，如无感停车，实现人随时随地进行交易的需求。

对支付机构来说，场景多元化意味着商户更加丰富，服务领域不断拓展。而拥有更多接触消费者机会的商户可能会在技术变革中获得更多的话语权，议价能力提高，需要支付企业提供更多、更优惠的服务，如更低的支付费率、更多的消费数据等。

■ 账基化提速与实时授信

账基支付是指基于账户的支付，是区别于之前约定俗成的卡基支付的支付形式。

　　AIoT 让支付向人即载体、无感交互转变，一方面使支付进一步"后台化"，支付账基化将进一步提速；另一方面让实时授信成为可能（如你个人的生物特征与某一支付账号绑定，通过生物识别，便可马上获取你的征信信息），信用支付习惯进一步养成。这将有助于金融体系之外的人获得金融服务，传统金融机构也将有机会实现金融普惠。

　　而对支付机构来说，支付账基化加速，账户之争将更加直接，银行账户和支付账户都将使出浑身解数让自己成为消费者的"第一账户"，同时 AIoT 将有能力对用户进行全方位资产配置，更广泛地对支付、理财、证券等账户进行统一智能化管理。这些将触发账户持有方竞合发展：一是支付机构不断与金融科技机构合作，不断增加更多、更优的服务来吸引用户；二是寻找外部协同价值与发展路径，与目标和困难相似的机构建立合作关系，共享用户数据、产品与服务等。

　　在我们这个技术快速创新的时代，任何一个技术术语都有可能带来一场颠覆性的变革或一个机遇。今天，在 AIoT 和 5G 的冲击下，支付正在朝着"智化"蜕变，我们唯有抓住 AIoT 这个契机才能在竞争中继续"领先半个身位"，持续享受作为市场开拓者的红利。

3

来自区块链的展望

　　2018 年 6 月，蚂蚁金服在香港和菲律宾上线全球首个区块链跨境汇款。

　　2018 年 9 月，蚂蚁金服和海南省政府携手落地全国首个区块链公积金存证。

　　2019 年 6 月，浙江省依托浙江政务服务网上线了全国首个区块链电子票据平台，市民可在"浙里办"App、"浙里办"支付宝小程序上查看医疗票据。

　　……

　　在禁止 ICO（首次币发行）、关闭数字货币交易中心等一系列的政策之后，蚂蚁金服、招商银行、上海银行、中国民生银行、中国支付清算协会等极具代表性的企业和机构，或是公开相关项目，或是表达相关言论，都认可区块链在金融支付领域的应用，以解决传统技术难以企及的问题……

2008 年，当全球市场正在遭受前所未有的金融危机时，中本聪发布了一种点对点的现金系统及基础协议——比特币，并发明了一种新的互联网协议——区块链，以分布式计算技术为基础设定了一系列规则，让数十亿设备可在脱离可信第三方机构的情况下，安全地交换信息。

为此，世界震惊了，区块链也打开了这个世界的想象空间。世界各地的从业者纷纷开始思考和尝试理解这个可轻松实现流通、交易的新互联网技术及其潜在影响力。

那么，到底什么是区块链？它有何魅力呢？

区块链是实现数据公开、透明、可追溯的技术，包含点对点网络设计、加密技术应用、分布式算法的实现、数据存储技术的使用这四个方面，其他的可能涉及分布式存储、机器学习、VR、IoT、大数据等。

它的魅力体现为以下五个特征。

特征一：去中心化。区块链使用分布式核算和存储，不存在中心化的硬件或管理机构，任意节点的权利和义务都是均等的。

特征二：高度自治。智能合约自动、安全地交换数据，无须人为干预，任何人为的干预也都不起作用。

特征三：信息透明。除了交易各方的私有信息被加密外，区块链上的数据对所有人公开，任何人都可以通过公开的接口查询数据和开发相关应用。

特征四：交易匿名。由于节点之间的交换遵循固定的算法，其数据交互去信任化，无须通过公开身份的方式让彼此之间产生信任。

特征五：不可篡改。各区块内的数据经过哈希算法❶计算生成哈希值后即被安全、永久地存储起来，数据稳定性和可靠性极高。

由于区块链技术本身具有信息透明、交易匿名、不可篡改等特点，使得该技术在授信、清算、支付等金融领域有着非常广阔的应用前景，区块链开始成为吸引高科技公司、跨国金融机构和创投基金新一轮投资、竞争、运用的热土。

发展至今，也有不少人归纳出了区块链的应用领域，主要包括：

新金融，支付结算领域会率先发展；

数字资产交易，确权和防盗版，传统互联网业务区块链化；

基于存证的数字法务；

代替网商彻底告别假货的链商；

商品溯源；

基于分布式账本的财会系统，替代复式记账法；

---

❶ **哈希算法**：一种将任意长度的消息压缩到某一固定长度的消息摘要的函数，在信息安全方面的应用主要体现在三个方面：文件校验、数字签名、鉴权协议。

　　替代大数据信用的区块链共享经济，适用房地产、医疗、教育、出行、能源、旅游等很多行业；

　　救助领域逻辑闭环模式；

　　政府主导下资金进入实体经济，摆脱房地产依赖的新型智慧城市；

　　监管沙盒❶，告别造假和权力寻租。

　　确实如归纳的那般，如今银行机构、金融机构、区块链科技公司都开始关注如何使用区块链技术和支付方式解决现有支付系统存在的问题。《人民日报》还曾专题报道了区块链，承认其技术对市场的积极意义。其中对于区块链在金融支付当中的应用如是说："区块链技术的应用有助于降低金融机构间的对账成本及争议解决的成本，显著提高支付业务的处理效率。"❷

　　那么，为什么区块链会在支付结算领域率先发展？

　　其实，从支付角度看，区块链的"发源地"比特币系统本身是一个全球性的支付系统，只是这个系统完全

---

❶ **监管沙盒**：Regulatory Sandbox，又称为监管沙箱。这一概念由英国政府于 2015 年首次提出，按照英国金融行为监管局（FCA）定义，监管沙盒是一个安全空间，在这一空间中，监管规定有所放宽，在保护消费者或投资者权益、严防风险外溢的前提下，尽可能创造一个鼓励创新的规则环境。金融科技企业可以在其中测试创新的金融产品、服务、商业模式和营销方式，不需要担心在碰到问题时立刻受到监管规则约束。

❷ 王观. 三问"区块链"[J]. 创新时代，2018（4）.

不依赖于现有各国的金融基础设施，这个支付路径中不需要银行，它主张的概念是人人都是支付节点。而区块链的本质是一项技术，是存储数据的一种独特方式，其引用数据结构存储大量交易信息，并且把每条记录都进行有序连接，而比特币等虚拟数字资产也仅仅是其开发的一类产品而已。

2020年央行发布法定数字货币DCEP。这是基于区块链技术推出的全新加密电子货币体系，运用分布式账本、加密技术与演算法验证，发行数字人民币（需存放在数字钱包里），这是中国央行发行的法定货币之一，具有法定清偿效力，任何中国机构或个人都不可以拒绝用数字人民币付款。

数字货币的作用主要有两点：一是减少交易中介机构，特别是跨境支付中介机构，分布式银行同业分类账系统让跨境支付的清算更快速，也就是说人民币跨境交易的手续费将更低；二是促进人民币国际化，世界各地都可以用人民币支付。

DCEP发行后，尽管DCEP交易数据只有交易双方与央行可见，但在对交易数据进行适当处理后，相关大数据服务商或将受益，如有C端支付服务经验的支付机构，有大量B端商户资源的公司（包括支付机构、电商、运营商等），商业银行及支付系统开发商等。

而DCEP对支付领域的冲击在于，支付服务系统的发行环节、分发环节、支付环节、运营环节都势必要调整，将会有一个新的较为完整的生态产业链形成，从而进一步刺激支付数字化发展。DCEP 的离线支付特性，或许需要 NFC、蓝牙、二维码支付、POS 机等方面的技术支持，拥有相关技术的服务和设备厂商或许拥有较大发展潜力……

不管如何，区块链技术、区块链项目正在实实在在地落地支付领域，如今大家更是脱离了虚拟数字资产，更为理性地洞察到区块链在支付领域五个维度的作用。

■ 支付维度

目前，区块链技术在金融支付领域应用最多、进展最快，因为它能有效地降低成本，提高效率。

大家都知道金融机构特别是跨境金融机构间的对账、清算、结算的成本较高，涉及很多的流程，不仅导致用户端和金融机构后台业务端产生高昂费用，也让小额支付业务难以开展。而区块链点对点的交易方式，可以在付款人和收款人之间创造更为直接、简便的付款流程，同时依靠智能合约高度自治运行，可以有效降低金融机构间的对账成本及争议解决的成本，显著提高支付业务的处理效率。另外，区块链的成本和效率优势，可以让金融机构更好地处理以往因成本过高而被忽视的小额跨境支付，有利于普惠金融的实现。

■ 信任维度

区块链具有去信任化的特点。

区块链以智能合约的形式，自动、安全地交换数据，整个系统的所有节点都不需要人为干预，能够在去信任的环境下运行，从而将对人的信任改成了对机器的信任，任何人为的干预都不起作用，打破了传统信任机制的权威形象，消解了传统信任机制的信任隐患。

区块链就是一套创造信任的技术，一个安全可靠的交易"保险箱"，让互不信任的人在没有权威机构的统筹下能够愉快地进行信息、价值的互换，这会是支付机构非常重要的受益点，也将会是人类社会新的"契约形式"。

■ 数据维度

随着大数据、AI、IoT 的发展应用，人类迈进"数字账户"时代，支付系统内部围绕用户账户，搭建信息化数据中心，实现账户之间的"数字"转移，提供数字化服务。而区块链是一种特定分布式存取数据技术，不仅在数据的获取、储存、读取、跟踪上具有强大的优势，且能够保证数据的真实、可靠。

■ 安全维度

区块链在没有第三方信用背书的情况下，可以实现在一个开放的平台上进行远距离的安全交易，且保存所有的历史记录，整个过程透明可跟踪、不可篡改。

另外，在区块链上的整个交易过程中，所有的参与信息、行为都会存为一份完全相同的账本，一旦对账本数据进行修改，所有的副本数据很快就会做到同步，并且在这种分布式的技术特点中，每一笔交易都有一个独一无二的时间戳，可以很好地避免重复支付的产生，极大地降低了传输、交易过程的复杂性和风险。也就是说，区块链数据的分布式特点意味着黑客攻击它的难度更大，他们必须同时访问数据库的每个副本才能成功破解，这在风险管理上更安全。

■ 监管维度

也许区块链去中心化挑战的是中心化的权威，但是在金融监管领域，区块链技术也能发挥一技之长。

2017 年金融区块链合作联盟（深圳）发布的《金融区块链底层平台 FISCO BCOS 白皮书》认为，区块链为金融监管机构提供了一致且易于审计的数据，对机构间区块链的数据分析，能够比传统审计流程更快更精确地监管金融业务。如，在反洗钱场景中，每个账号的余额和交易记录都是可追踪的，任意一笔交易的任何一个环节都不会脱离监管视线，这将极大提高反洗钱的力度。❶

整体而言，从银行角度看，区块链重点探索方向是降低清算、结算成本，提高后台运营效率并降低经营成本；从非银机构的角度看，区块链可以用于提升权益登记、信息存证的权威性，消减交易风险，解决数据追踪与信息防伪问题，降低操作成本等。

当然，区块链不是万能的，目前的应用也正处于"试水阶段"，面临着诸多的挑战，但作为具有变革性的底层技术，区块链未来的应用和发展的前景无须质疑。

未来，随着大数据、AI、IoT 等新技术与区块链的互相结合，区块链的去中心化、去信任、不可篡改等特性将发挥更大的作用，能够形成一些在中心化模式下难以实现的支付方式和模式。

---

❶ 金联盟（金融）区块链白皮书 [EB/OL].(2018-08-18)[2020-09-15]. https://wenku.baidu.com/view/c4f903bac0c708a1284ac850ad02de80d5d806 5d.html.

第六章
系统建设

　　支付系统之于经济社会，犹如血脉之于人体。社会资金（血液）通过支付系统（血管）输送给社会各个实体，满足实体生产生活需要，疏通微观经济和宏观经济的运行。经济社会越发展，支付系统越重要。

PAYMENT
ECONOMY

1

构建服务主体新格局

《新约·马太福音》中有这样一个故事：

天国主人要外出，临走前把家产分给三个拥有不同才干的仆人，于是领 5000 锭银子的仆人立刻拿钱做买卖，又赚了 5000 锭银子，领 2000 锭银子的仆人也赚了 2000 锭银子；唯独领 1000 锭银子的仆人把银子埋到地里。主人回来，对前两位大加赞赏，却把第三位仆人的 1000 锭银子收回来奖给了第一位。随后告诉他们：凡是有的，还要加给他，让他有余；没有的，连他所有的也要夺走。

1968 年，美国科学史研究者罗伯特·莫顿用这句话概括了一种社会心理现象"马太效应"：任何个人、群体或地区，一旦在某一方面获得成功和进步，就会产生一种聚集优势，就会有更多的机会取得更大的成功和进步。

如今第三方支付行业也正处于"马太效应"的发展进程之中，盈利转向，行业分化，第三方支付机构转型加剧……

这是最好的时代，也是最坏的时代！

我国第三方支付行业发展 10 余年，一方面，形成了较为完备的产业链结构，交易规模稳定增长，虽然随着用户和资本对行业推动的边际效应递减，增长率会逐步放缓，但未来依旧有着很长一段稳定增长期；另一方面，其不论是在地理分布还是在市场占比上均表现出高集中度特征（如支付宝、微信支付就占据了近九成市场份额），寡头竞争格局初步形成，未来可能产生强者越强、弱者越弱的马太效应。

另外，自 2015 年 4 月起，央行停止颁发第三方支付牌照，并吊销、注销、合并第三方支付业务牌照共计 33 张。央行不断加强对第三方支付的监管，也表明了一段时间内原则上不再批设新机构，或许还会继续注销不良企业的牌照。同时，断直连、备付金集中缴存等一系列监管重拳的出击，加之监管手段的日趋成熟，从严执法的落实到位，令中小支付机构的生存压力倍增。

存量竞争市场参与者减少，以及增量市场增长放缓，加剧了第三方支付行业"马太效应"的发生，市场份额逐渐向"头部"企业集中，已是必然趋势。

在这样的背景下，第三方支付机构如何破局？

以银嘉金服为例，从支付出发，重新构建服务主体新格局。

第三方支付市场参与者主要包括中国人民银行、中国银联、非银行支付机构网络支付清算平台（网联）、商业银行、第三方支付服务商及其用户。不同的参与者有着不同的服务主体，例如，银行的服务主体是大型企业用户，但随着普惠金融、移动支付的发展，银行业日益重视除大型企业外的其他用户；第三方支付服务商的中介属性决定了其两大服务主体是银行和用户。但是不管是银行还是第三方支付服务商，唯一可"做文章"的都在于用户。

那么如何"做文章"？

根据中国电子商务研究中心发布的《2016中国第三方支付产业链图谱》，我们可以将第三方移动支付模式分为电商型、互联网型、手机厂商型、运营商型四大类。智能手机终端生产企业纷纷入局（小米、华为、三星都向金融业务延伸），从中不难看出支付强大的"导流"属性。因此，我在接受记者采访时，都会强调对银嘉金服而言，支付牌照是其布局互联网金融的关键一环，支付在银嘉金服的整个金融板块中是一个入口。

在支付市场，银行对传统大型企业的服务几乎是"有求必应"，不少小微商户的交易规模无法与传统大企业相抗衡，其在经营过程中面临诸多个性化需求有待解决。此外，现有的移动支付领域，与微信支付、支付宝两大巨头正面冲突很难突围，唯有另辟蹊径，唯快不破，方能实现弯道超车。

因此，在收购付临门之后，银嘉金服赋予了它一个全新的定位——专注服务中小微商户。

目前中国有 7000 万左右的中小商户，仅义乌就有 12 万的小商户，数量非常庞大。而做出这一战略调整是建立在银嘉金服对浙江三大小商品市场（义乌小商品市场、海宁皮革城和绍兴轻纺城）进行试点的基础上。在对这三个地方做过试点之后，银嘉金服发现这些小微商户急需一整套专业的支付系统。

而付临门作为一整套支付系统，依托 POS 终端贯穿整个支付过程，大大降低了合作者及商户创业的门槛，让小微商户的生意有更多可能。另外，以往支付企业只能清算到对公账户，银嘉金服则可以提供对私账户的清算服务，银嘉金服则以付临门为起点，专门为中小微客户提供定制化、系统化支付解决方案，由此切入全新品类市场，并开始精耕细作。

银嘉金服一直与银行有着战略合作关系，付临门所有的清算服务都是在中国银联的严格指导下进行。我一直认为，支付宝和微信支付客群虽然庞大，加起来终归难以和作为银行卡产业枢纽的中国银联相媲美。同时付临门还联合各大商业银行等金融机构，整合行业优质服务渠道，以覆盖线下和线上的创新型支付终端。

目前付临门通过智能收款设备加载云端服务，为线下小微商户提供涵盖了银行卡收单、创新支付、大数据服务等综合服务，并逐渐深入物流、保险、教育、餐饮等细分领域，客群正在不断扩大。如银嘉金服在上海、江苏、浙江、山东等多家连锁便利店建立便民支付网点，包括亚洲一线的便利连锁店全家（FamilyMart）、良友等。今天银嘉金服也正在积极申请征信牌照，未来基于大数据、消费金融、互联网保险等的业务都会涉及，如图6-1、图6-2所示。

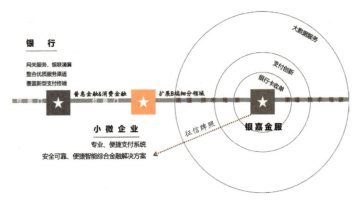

图6-1　服务主体新格局

图6-2　四大发展方向

所以，面对新的市场情况，想要突围，首先要革新自身观念，在宏观层面上构建起全新的市场服务主体，这包含两大步骤：市场定位和盈利转向。

■市场定位——账户侧 vs 收单侧

从支付机构市场定位来看，账户侧的支付服务已经被支付宝、微信支付两大巨头占据了九成市场份额，且账户侧用户已经形成了消费习惯，竞争格局已经固化，大多为巨头间的战场，实力较弱的第三方支付机构很难涉足，即便支付也只是以聚合支付的方式夹缝求生。

反观收单侧市场，2015 年央行旗下的中国支付清算协会发布了《中国支付清算行业运行报告（2016）》，首次公布了收单机构的多项业务排名，排名前十位的收单机构收单交易额占收单总额的 67.72%❶。这几年随着央行停止颁发第三方支付牌照、监管趋严（央行罚单绝大多数发生在收单侧）及市场竞争的白热化，行业集中度持续上升，但是由于商户业态众多、需求各异，市场并未如账户侧那般形成寡头。

因此，收单侧会是第三方支付机构的必争之地。同

❶ 中国支付清算协会：2016 年中国支付清算行业运行报告[EB/OL].
(2016-05-23)[2020-09-15]. http://www.199it.com/archives/475000.html.

时，由于合作商户拓展服务商、市场调节收费、对接中国银联／网联获取支付渠道、重视增值服务开发等，第三方支付机构在获客渠道、费率、产品支付渠道、增值服务上均有一定的优势。

但需要注意，收单侧支付机构将会持续处于行业出清的过程中，合规经营的收单侧支付机构将最大限度地享受行业出清红利，同时监管部门也已经为第三方支付行业发展指明了方向，那就是回归支付本源，服务实体经济。数千万的中小微商户作为实体经济重要组成部分，会是支付机构下一阶段争夺的重点，第三方支付机构必然将其作为服务的主体，积极布局 B 端企业，为中小微商户提供兼容性强、定制化服务等解决方案。

另外，目前海外第三方支付基础设施相对落后，跨境支付将会蓬勃发展，这也不失为一个方向。

■ 盈利转向——技术转型 vs 渠道转型 vs 场景转型

随着备付金红利逐渐消失，第三方支付机构面临巨大的转型压力，而新的服务主体格局形成必然催生新的业务需求，将加速推动第三方支付机构转型。

目前看，第三方支付机构的转型方式主要有三种。

第一种是技术转型，成为技术服务提供商，如可以为 B 端中小微企业提供技术支撑、风控服务等。

第二种是渠道转型，与"头部"支付机构建立合作关系，成为其支付渠道之一，如很多第三方企业开展的聚合支付。

第三种是场景转型，支付机构向金融方向转型，为商户、个人提供泛金融服务。

三种转型方式其实并没有优劣，也可以融合转变，一切取决于支付企业自身的特点，根据自身的资源、技术等状况，设计合适的转型方式。

需要提醒的一点是，在转型的过程中，只有能适应监管部门的要求合规经营，具备全面、稳健的风控实力，并在研发创新上持续高投入，精耕细作支付及相关增值服务，不断提升用户体验、赋能服务主体，为实现经济发展增添助力的支付机构，才能越来越好，越来越强。

总体来看，第三方支付机构在历经市场竞争多方洗牌之后开始规范化持牌经营，细致化多元服务。"以用户为中心"不仅是互联网行业的生存准则，也会是支付行业特别是第三方支付机构的生存法则。我们也无法以曾经的眼光来看待今天的市场，唯有在变化中创新，在创新中求变。

2

支付系统设计

拥有服务主体新格局，很大程度上是确定了一个新的商业模式，而一个有效的商业模式，不仅需要一个具体的载体，也离不开信息、资金的流通。对支付机构来说，畅通的支付系统是前提，是起家的开始、业务的保证，也是新商业模式的具体载体。

面对新的模式、新的市场情况，一套完善的支付系统设计的关键在于信息、资金的流畅以及基于这个系统而产生的支付逻辑和业务逻辑。

今天随便打开一个支付页面，大家基本可以充值、缴费、贷款、购买保险、资金托管……享受多种多样的个性化、多元化服务，很多支付机构的业务边界不断拓展。

也许在支付圈外的人看来，这是简单而明显的操作，不过拿起手机点击几下就可以，但是对于支付圈内的人来说，这是基于支付场景下一整套支付系统的实现。而每一个支付场景的实现，几乎都需要调动支付系统诸如支付网关、支付工具、支付渠道、会员系统等一系列模块协同运行。

因此，在这里支付系统已经不仅仅是传统定义上的由提供支付清算服务的中介机构和实现支付指令传送及资金清算的专业技术手段共同组成，用以实现债权债务清偿及资金转移的清算系统，而是基于资金流、信息流，包含支付产品、支付网关、风控中心、资金管理等一系列模块的整体。

从架构上来说，整个支付系统可以分为三层。

一是支付层，通过支付渠道实时处理完成资金的收付、记录参与交易的账户间资金流动情况，并按照预定规则对账户所属资金进行拆分与合并。

二是业务层，负责为业务系统提供收付款的操作界面以及处理业务系统提交的交易请求。

三是支撑系统，用来支持核心系统的基础软件包和基础设施，包括运维监控系统、日志分析系统等。

其中支付层和业务层是系统核心，通过支付层、业务层的服务组合，为最终用户、商户、运营管理人员提供服务，如图6-3所示。

其中，支付产品是由支付系统对支付渠道进行封装而给业务方提供支付能力，根据其不同支付能力可以为业务方提供不同的功能。目前常见的支付产品有以下十种。

快捷支付，用户在完成绑卡之后，无须再输入卡号或

支付经济

图6-3 支付系统三个层次

支付层

			支付网关			
限流熔断	API	路由	签名验签	身份验证		
			支付应用			
转账	红包	打赏	生活缴费	理财	众筹	
消费付款	充值返款					

	支付路由			支付信息		支付渠道	
判断引擎	引擎路由	路由规则	渠道路由	签约	支付	同步	异步
				认证	退款	撤销	对账
	支付产品			银行渠道	第三方支付	渠道渠道	外卡渠道
快速支付	网银支付	话费支付	平台支付				
账户支付	代收代付	外卡支付	虚拟支付				

业务层

	客户信息		卡务管理		支付通道		订单		信用系统	风控系统
会员信息		卡券发放		渠道信息		下单拆单		**信用评估**	风控中心	
商户信息		卡券使用		费用与限额		优惠活动		数据采集	反欺诈	
协议管理		营销费用		渠道QoS		发票配送		信用模型	反洗钱	
									风险评级	

会计		核算		资金管理		账户账务		清算		资金系统
过账平衡		流水登记		关闩管理		交易流水		清分清算		
日闩		流水核算		打款服务		记账凭证		对账处理		
科目汇总		流水归档		备付金管理		分户账户		计费分润		
										基础服务系统

支撑系统

运维监控	日志分析	短信平台	统计报表	全文检索	征信系统
机器学习	分布式计算	消息机制	远程连接	数据存储	……

❶ API: Application Programming Interface, 应用程序接口。

❷ QoS: Quality of Service, 服务质量, 指一个网络能够利用各种基础技术, 为指定的网络通信提供更好的服务, 是网络的一种安全机制, 是用来解决网络延迟和阻塞等问题的一种技术。

-152-

者身份信息，仅需输入支付密码或短信验证就可以完成支付。对于小额度的支付，甚至可以开通小额免密，直接完成支付。这是目前主要的在线支付方式。

网银支付，用户在支付的时候，需要跳转到银行的网银页面来完成支付，一般仅用于 PC（个人电脑）端上的支付。

协议支付，也称代收或者代扣，代收指渠道授权商户可以从用户的银行账户中扣款，一般用于定期扣款，不用于日常消费。协议支付是通过封装银行、第三方支付提供的代扣或者快捷接口来实现。

平台支付，使用支付宝、微信支付等第三方支付平台来完成支付。

外卡支付，为有海外支付需求的用户提供外卡支付支持。国内不少支付渠道都能支持外卡支付，如支付宝全球购，直接对接 PayPal（国际贸易支付工具），是目前用得最多的外卡支付渠道。

话费支付，对于有包月小额类型的支付，手机话费也是一个不错的选择，目前也有一些平台可以支持话费支付。

虚拟币支付，不少公司会有自己的虚拟币，比如京豆、Q 币等。这些虚拟币也可以作为一种支付方式。

账户支付，也称为余额支付、零钱支付等，指为用户建立本地账户，支持充值，之后可以使用这个账户来完成支付。

信用支付，指使用信用账户进行透支，类似信用卡支付，如京东白条、蚂蚁花呗等。

代付，和代扣相反，代付是平台将钱打给商户。

通常除了对账、查单外，支付流程会包括参数校验、支付路由、生成订单、风险评估、调用渠道服务、更新订单和发送消息这七个步骤。而对于一些比较复杂的服务，还会涉及异步通知处理的步骤，如图6-4所示。

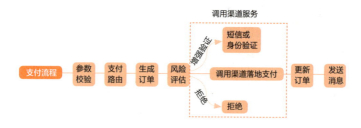

图6-4　支付流程的七个步骤

支付流程的核心在核心层：

首先，用户从支付应用启动支付流程。

其次，支付应用根据应用和用户选择的支付工具来调用对应的支付产品执行支付。

再次，支付路由根据支付工具、渠道费率、接口稳定性等因素选择合适的支付渠道来落地支付。

最后，支付渠道调用银行、第三方支付等渠道提供的接口来执行支付操作，最终落地资金转移。

当然，每个支付机构因其业务和发展阶段不同，所设计的支付系统也会有所不同，应该根据自身业务来构建，大家可以从以下五个参考角度进行综合考虑。

■ 行业／服务角度

行业／服务角度意味着从业务角度出发考量支付系统的设计。

如银嘉金服面向 B 端行业输出交易、结算、会员、安全等服务，且为不同的服务等级划定标准，贯穿所有内部系统；而一般的非银行支付机构提供即时到账、担保收单等，基本能够满足大多数业务场景。

■ 用户角度

用户分付款方和收款方，付款方在整个业务过程中处于核心地位，设计时应针对付款方特征、需求建立模型。如付款方的账户模块、费用与限额、协议管理等要素都决定着付款方的付款流程。

■ 入口角度

入口角度主要考虑业务端使用的入口，代表着用户或者业务方和支付系统的交互方式。如通过 PC 端跳转收银台、通过 App 跳转收银台、以纯接口形式跳转收银台等。

■渠道角度

在电商平台或网络平台或公众号平台跳转支付系统，根据付款方的参数规则选择可使用的支付渠道。

如喜马拉雅使用支付宝这一支付渠道来完成支付。使用时，一般需要用户预先在手机上安装支付平台软件，注册并登录到第三方支付平台，同时用户应已经在该平台完成绑卡等操作。

虽然电商公司内部使用的支付系统与支付机构相比复杂度较低，但它们会通过参考支付机构服务模型，梳理不同业务、不同交易类型、不同结算周期以及不同支付渠道等的复杂需求，进而搭建满足业务需求且合理的服务模型。如充值类交易，具有商城属性的业务可配置担保收单或即时到账等交易类型。

■应用角度

系统的搭建最终是为了应用。支付层、业务层、支撑系统是每个支付体系中必不可少的模块。很多支付机构整体架构上也许大同小异，但基于这个系统的支付应用则是每个公司根据自身的业务来构建的，各不相同。比如，按照使用对象，可以分为针对最终用户、针对商户的应用，针对运营人员的运营管理、商务智能和风控后台，等等。

因此，在进行支付系统设计时，可以用"倒推"方式，从主支付应用入手，让整个系统的设计更为流畅、合理。

越是简单的，越是不简单。支付系统呈现在用户面前时，页面往往是非常简单明了的，但是对于支付机构来说，是一套复杂的系统工程，需要每一个支付人认真学习、钻研、设计。

3

数字化运行与管控

有了布局，有了系统，如何更好地运转支付系统？数字化！

以 AI、IoT、区块链等为代表的数字技术涌现，快速向经济社会各领域渗透，2017 年"数字化转型"一词逐渐流行起来，以数据为核心的数字化转型已然是大势所趋。

然而，支付行业与其他行业不同，不仅是新技术的前沿阵地，更在支付系统中积累了海量的数据资源，是数据密集型的行业。支付行业先行一步，由业务驱动数据走向数据驱动业务，其数字化转型是基于支付系统数据资源（资金流、信息流）的数字化运行和管控。

人类商业活动离不开"三流"——信息流、资金流和物流。

信息流，指的是完整的交易流程信息，包含交易、支付和结算指令集合。

　　资金流，指的是交易资金的流动，包括储蓄卡余额、信用卡授信额度、合法第三方支付机构开设的钱包余额以及消费金融公司的授信额度等。

　　物流，指的是交易商品的流动。

　　而这"三流"之中，从古至今支付独占了"二流"。

　　在古代，A 有一笔银子给远方的 B，为了安全和便利，A 会去钱庄兑换成银票，然后委托镖局递送。B 在收到银票后，再去相应的钱庄兑换成银子。在这个过程中就存在资金和信息的流动，只是那时迫于地理、技术的局限，二者是分开的。

　　资金流：A—钱庄—B。

　　信息流：A—镖局—B。

　　其支付使用场景也比较简单，就是收付款，钱庄只知"钱"而不知"人"，资金、信息的流通与安全保障来自钱庄信誉（钱庄保证能够兑出银子）和镖局实力（镖局保证财物安全）。

　　现在，A 有一笔钱要给远方的 B，A 只要拿起手机在相应的支付系统内操作，B 也拿起手机操作，当双方账户完成一次"数字变更"时，便表示交易成功。在这个过程中资金已经与信息同步。

　　资金 / 信息流：A—支付系统—B。

　　在这个过程中，支付系统不仅完整地掌握 A、B 的个人真实信息，更可以捕获到 A、B 的收支情况、消费喜好、支付轨迹、人际关系等信息。凭借这些海量的信息，支付系统知"钱"更知"人"，有了"人"就会有更多的生意。同时，支付系统又面临新的问题和风险，如支付场景多元化、复杂化，技术缺陷，信用风险，互联网风险……资金流、信息流是否畅通，安全是否能得到保障，除了看支付机构是否合规、守信，还要看这套支付系统自身是否有足够的技术安全保证。

那么，如何做到呢？数字化运行和管控！

数字化运行，以零售门店为例。

对非数字化零售门店，总部每天都会要求店长提交第二天的销售预测并据此给出提货申请，录入系统后台，至于货要得合不合理、准不准确，这是店长决定的，系统只需要提供信息管理能力就行。

对数字化零售门店，销售预测与提货申请都由系统来操作，系统不但需要对信息进行管理，而且要对信息进行分析、优化，得出结果，发出指令，人只要保证这套系统数据的安全、实时、准确即可。

因此，数字化运行简单理解就是从"人"感性驱动"系统"变成由"系统"理性驱动"人"，系统的驱动能力在于系统的智能化程度和计算能力。同时，在这个过程中，系统自身从用户发起交易开始，在数据采集、获取、流通、输出等环节智能化，这便是数字化管控。

数字化运行与数字化管控二者密不可分，它们在支付系统中通力合作，从而保证资金流、信息流畅通并高效地在支付系统中运行，如图 6-5 所示。

图6-5　数字化运行与数字化管控

以银嘉金服为例。

通过集团自身的自主研发技术以及科技企业的技术加持，付临门支付终端的智能化水平和计算能力已经有了质的提升，整个支付系统自行或联合其他智能终端形成了强大的集群计算能力，为数据的流通提供了顺畅的"通路"，最大限度地提升了整个系统的效率和服务能力。

在风险管控方面，付临门采用了强大的流处理、大数据实时处理和机器学习技术，结合了设备指纹、关联分析等技术，不仅全面提升了系统数字化程度，且从事前、事中到事后有效管控了支付风险，如图 6-6 所示。

如今银嘉金服更是明确数字化战略，建立了一套集用户身份认证、支付安全、个人信息安全、应用数据安全为一体，具备大数据技术风险感知、实时交易智能侦测功能

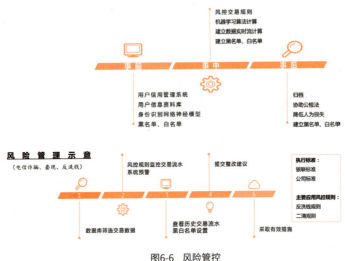

图6-6　风险管控

的风险防控体系，采用多项技术手段保证资金、信息的畅通和安全。未来面向用户提供的金融服务、交付渠道将以数字化方式体现。

那么，如何基于资金流、信息流，对支付系统进行数字化升级呢？

■ 认知数字化的本质

支付系统数字化的基本生产资料是数据，实质是业务重塑，基础条件是技术。

数据。数据化在支付系统中最直接的体现在于支付系统中数据的智能管理，包含自动录入、筛选、清洗、预警等。资金流、信息流的合法合规，保障安全是底线！

业务。支付系统数字化首要的是将所有业务系统中的数据打通，利用软件工具和技术，赋能整个系统以获得创新能力，并以用户为编程语言的中心加强支付体验、研发新业务，从而在系统中实现业务重塑。

技术。技术正在重新塑造支付，如生物特征识别可以便捷地识别交易双方的身份，AI 风口能快速确定用户的支付能力，区块链技术能够准确地分割、转移资金……整体来说，新技术的加持让整个支付系统更加自然（如用生物特征进行身份识别）、智能（如与 IoT 结合发起交易）和自治（如通过系统自身学习来自动完成支付流程）。

■ IT 转型

基于数字化的本质，IT 转型是支付系统数据化的必由之路。

在传统支付行业，IT 是辅助部门，是花钱的部门，重点负责系统运维，保证系统的正常运行。

但是 IT 转型则需要整个支付系统的基础设施、业务流程、人力技能、技术资源等要素，在技术、业务、数据的基础上对技术研究、系统构建、数据治理与数据应用、大数据、云计算、AI、社交等方面统一规划、协调合作，将资金流、信息流置于统一的系统管控之下，以数据驱动，支持协调各类业务发展和创新，同时加强同业务研究部门、高校、技术厂商等的内外部合作。

需要注意的是，在 IT 转型过程要避免基础技术研究（如支付系统中的支撑系统，涉及文件传输、分布式计算、数据存储等技术）。基础技术研究是一项长期重大的投入，最好交给专业的研究机构、技术企业去做，而支付企业的重点在于运用。如银嘉金服采用基础平台外购、业务应用自研的模式，外购成熟的基础平台产品，而业务应用和创新则完全靠自己。业务应用的支撑系统和服务，并不依赖于厂商，有自己的技术研发部门和自主专利技术，从而保证了付临门支付系统自主可控的核心。

■ 风控系统

前面已经说过，风控贯穿着交易的始终，而支付系统中风控系统的构建不仅在于保障资金流、信息流的真实、安全，也是一个前沿技术与系统运行融合的过程，保障着整个支付系统安全、顺畅、高效地运行。

如即时信息服务，用户通过手机随时随地了解账户的资金变化，辅助监控交易安全。系统还具备完整的安全审计机制，记录用户每次的登录行为，包括客户 IP 地址、物理硬件设备等详细信息，用户可自主查询登录、授权和交易等日志信息，及时发现并锁定可疑操作。

　　总体来说，风控系统要遵循"用户授权、全程防护"的原则，充分评估潜在风险，除了考虑企业自身的风险外，还要从客户身份识别、异常交易监测、备付金管理、系统安全、客户信息安全保护以及反洗钱、反恐怖融资等多个方面来设计自身的风控体系，以保障其支付体系的安全。

　　按照相关法律法规，保护客户信息安全是支付机构的法定义务，支付机构要把好安全关口，加强事前、事中、事后的数据安全管理，严防数据的泄露、篡改和滥用。

　　需要注意的是，由于近年来中国电子商务发展迅速，新的交易模式、应用场景层出不穷，相关法律法规对第三方支付机构的业务风险管控多处于原则性的规定层面，支付机构应采取什么样的准入政策，如何设定风险监测预警规则，都需要支付机构自己研究、把握。确保系统安全、交易合规一定是发展的前提。

　　AppDirect（提供云服务应用市场平台的公司）2018年9月的一项研究显示：七成的企业高层表示只有经历数字转型的企业才能在下个5年中生存。支付系统的数字化运行与管控只是完成了支付机构数字化的第一步，想要获得"未来5年"的生存能力，则必须深入利用数据挖掘技术，有效挖掘出系统数据资源的价值。

4

深挖系统化数据

以前你买东西只是在买东西，并未与外部元素产生太多的联系；现在你买东西，并通过某一支付平台进行支付时，支付系统不仅记录着你的资金信息、购买地点、购买时间，可能还会"记录"着你的购买习惯、环境喜好、消费喜好等。

人们的行为不再是行为本身，而是可记录的与外部元素紧密相关的数据化过程，人们行为的表达方式也开始迈向数据化。

支付工具作为数据化和场景化的主要入口，汇聚了海量的数据，通过这些数据来分析用户在某个方面的行为，进而预测其未来的行为以及在其他领域的行为正在成为大数据时代徐徐展开的蓝图，而支撑起这幅蓝图的技术骨架正是数据挖掘技术。

　　通过前面的分析，大家都能隐约看到支付系统中数据挖掘技术的身影。数据资源是很多企业的重要资产之一，大家迫切希望能对海量数据进行深入分析，发现并提取隐藏在其中的有用、有效信息，以更好地令这些数据实现价值转化。自互联网兴起，数据挖掘技术便引起了各方极大的关注，如今已经成为一个独立的学科或行业，正在被各行各业所运用。

　　那么，什么是数据挖掘？

　　数据挖掘，百度百科的定义很简单：指从大量的数据中自动搜索隐藏于其中的有着特殊关系性的信息的过程。但我更倾向于"知识发现"这样的定义：从各种信息中，根据不同的需求获得知识的过程，目的是向使用者屏蔽原始数据的烦琐细节，从原始数据中提炼出有效、新颖、潜在有用的知识，直接向使用者报告。

　　简单来说，数据挖掘就是通过信息技术对大量的数据进行探索和分析，从而提取有用、有效的信息，发现数据中有用的模式和规律，帮助解释当前的行为或预测未来的结果，以人们容易理解的形式提供有用的决策信息，如图6-7所示。

　　而支付系统中流通的就是数据。系统本身对数据进行一系列析取处理，形成结构化的支付数据，并存储在目标服务器的数据库，供用户进行查询、使用。数据库为用户各类业务活动提供数据基础，以及在支付风险、维护金融

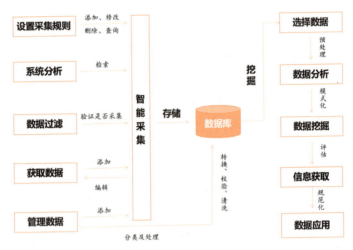

图6-7　支付系统数据挖掘流程

稳定等方面起作用，数据挖掘基本也贯穿着整个支付系统的始终。

在数据挖掘过程中，对支付机构自身而言，可以监测全年业务量分布及趋势，为反洗钱监控提供参考数据，为用户企业提供决策依据、解决方案。

如在没有接入移动支付前，公交路线的设计一般由人力来实现，通过现场访谈、观察、调研，从而统计站点的人流量，整个过程非常烦琐。但是在接入移动支付后，支付系统每天都会产生相应的支付数据，通过对这些支付数据的分析，公交公司可以对目标站点的人流量以及站点排列方式、间隔距离做出调整。可以说，移动支付不仅给公交公司提供了一个新的收款方式，更是帮助其做了路线优化、智能调度等工作。

当然，支付系统与其他行业平台系统有所不同，其数据存在数量大、动态性强、关系复杂三大特点。

数量大，支付系统业务数据量非常庞大，并且每天都在不断涌现大量新数据。

动态性强，支付系统中的数据具有非常强的时效性，随着时间的变化数据在不断地更迭。

关系复杂，一个金融变量的取值可能和很多因素有关，这种关联可能是线性的，也可能是非线性的。

因此，有效挖掘数据存在很大的难度，需要我们从一开始就进行考量和设计。

■ 规则学习

不同系统有不同的挖掘对象和挖掘规则，但支付数据挖掘规则学习主要包括以下三个方面的内容。

数据转化规则，一般包含支付数据各个字段映射的自动匹配信息、数据字段的拆分方式、多个数据字段的转化规则运算等内容。

数据校验规则，包含数据字段的空值处理、数据字段的约束定义、数据正确性和完整性定义等方面的校验规则。

数据清洗规则，为了解决支付数据采用过程中可能出现的恶意性、重复性、不完整性和违反业务规则等问题，在数据采集时需要将问题数据记录进行过滤和清洗。

■分析与整合

支付数据的数据源形式多样，包括支付系统数据库存储的数据信息、业务报表数据、普通文件格式的数据信息以及业务层导出的特定格式数据等，系统在进行数据采集时需要对这些不同来源和不同格式的数据进行智能分析。

通过数据分析，对这些数据进行整合和再加工，再次优化和过滤，根据用户和业务的个性化需求，查询出符合需求的数据，从而得到更高层次、更精确的统计分析数据。

■数据展现

支付系统的数据展现主要表现在支付系统前台，也就是用户端。

通过用户端，用户能够一目了然地看到自己的支付情况、消费情况，并获得相关的数据报表、数据走势图等，从而快速对数据进行分析，得到所需数据，为今后的行为作出准确预判。

因此，数据展现只有一个原则，让用户更加直观、便捷地观察到数据，如图 6-8 所示。

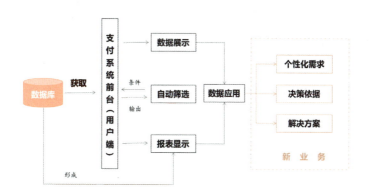

图6-8 支付系统数据展现

▌方法考量

目前常见的数据挖掘方法有以下几种。

传统统计分析法，这类技术包括相关分析、回归分析及因子分析等，一般先由用户提供假设，再由系统利用数据进行验证（大多数支付系统都包含了这个技术）。

神经网络法模拟生物神经系统的结构和功能，是一种通过训练来学习的非线性预测模型，它将每一个连接看作一个处理单元，常用于两类问题：分类和回归。很多数据挖掘工具和软件都包含了该技术，它是目前在金融应用分析中采用最多的数据挖掘技术。

决策树，根据对目标变量产生效用的不同而建构分类的规则，通过一系列的规则对数据进行分类，其表现形式是类似于树形结构的流程图，该方法的应用也非常广泛，主要用于分类。

遗传算法，是一种基于生物进化过程的组合优化方法，其基本思路是随着时间的更替，只有适合的物种才得以进化，具有隐含并行性、易于和其他模型结合等性质，常用于优化神经元网络，能够解决其他技术难以解决的问题。

非线性回归方法，这种方法的基础是在预定的函数的基础上，寻找目标度量对其他多种变量的依赖关系。

基于贝叶斯网络的方法，又称为信度网，由一个有向无环图和条件概率表组成，通过提供图形化的方法来表示和运算。

传统的支付系统数据分析大多采用传统统计分析的方法，形式一般是简单的"数学表达式"，但是假设条件多，某种程度上有损分析结果的精确性，实际难以应用，并且支付系统数据具有数量大、动态性强、关系复杂三大特点（也是三大挖掘难点），而数据挖掘技术在某些方面突破了这种限制，能够从中挖掘出隐含的、用户可能感兴趣的和对决策有潜在价值的知识和规则。

综合来看，传统分析方法固然简洁且有很好的可理解性，但是它的变量表达不可能很多，而其他数据挖掘技术接受上千个变量也没有问题，且表达的关系可以非常复杂，表达逻辑关系的能力也非常强，如神经网络法表达的变量间的关系是非常复杂的。此外，数据挖掘是传统的统计分析法非常欠缺的。

当然，具体采用何种方法，取决于你自身支付系统的包容性及业务需求。

随着支付企业的数字化转型，随着人们对大数据的依赖，支付系统的数据挖掘"运动"才刚刚开始，也必将在支付领域得到更加广泛的运用。

第七章
B端布局

　　B端市场虽是风口乍起，却已"吹皱一池春水"，各方势力运筹帷幄，龙战于野。支付企业想要成功入局，需要掌握合理的布局方法，并外修"支付+SaaS"，内修数据+金融，方不会被风口吹远。

1

布局三方法

"这个世界唯一不变的，就是一直在变！"著名的思想家斯宾塞·约翰逊的金句用于形容支付的变革同样适用，支付领域的变革一直都迅速且超前。

经过几十年的发展，支付已经不只是支付，其所带动的产业链数不胜数。随着数字化的演进，支付系统会是与之相关联产业的数字化过程中非常重要并贯穿始终的环节，这意味着运营、客户、物流、财务、营销甚至服务网点、企业组织等商业要素都将产生新的变化，变革中的商业色彩也越来越浓重……

艾媒咨询发布《2019中国第三方B端支付市场专题研究报告》（以下简称"报告"）显示，2018年中国实有各类市场主体11020万户，其中个体工商户超7000万户。庞大的企业市场主体催生了支付机构服务B端的巨大市场❶——B端已经是众所周知的下一个支付战场！

只是在"重回"B端之前，我们应该先弄清To B的含义是什么？

很多人认为To B服务是基于解决企业生产经营过程中的需求和问题，以此换取企业付费的服务。但是在大数据时代，支付行业的To B服务是基于企业生产经营需求研发企业级的软硬件集成服务，支付结算只是其中的基础模块，既可以是交易服务也可以是功能服务，而不应该局限于服务企业的交易。

当今的B端支付市场也呈现出新特点。

市场需求方面，零售业态的丰富和移动支付的推广，使得线下小微零售消费规模不断扩大，其中非现金交易增多，小微商户对于收单服务需求上升；企业间需要定制化支付解决方案实现支付。另外，"报告"显示85.4%的商户会关注第三方B端支付企业的增值服务，52.7%的受访商户表示最期待第三方B端支付企业能提供关于如考勤、门禁等增值服务。此外，分别有27.6%、27.2%和22.6%的受访商户希望能增加代发薪资、代运营、资金托管等增值服务。

市场前景方面，移动支付交易规模扩大，商户收单

❶ 艾媒前沿科技产业研究中心.艾媒报告|2019中国第三方B端支付市场专题研究报告[EB/OL].(2019-10-08)[2020-09-15].https://www.iimedia.cn/c400/66274.html.

业务发展加速；商户市场稳步增长，收单终端渗透加强。"报告"显示，中国跨行支付系统联网特约商户规模整体显著上升，2018年达到2733万户，2019年上半年中国联网POS机数量达3287.3万台。在对移动支付的、需求扩大的刺激下，B端支付行业具有蓬勃的发展前景。拥有庞大体量的中小微企业收单市场，将随移动支付行业的发展继续爆发。❶

市场竞争方面，第三方B端支付市场竞争格局已经形成，第一梯队企业为中国银联商务企业，其凭借中国银联资质背景，在全国范围内发展，有较强的竞争力；第二梯队支付集团企业和其他梯队企业，具有业务多元化的优势。

可见，B端支付市场风口乍起，赛道上已竞争者众多。针对B端支付市场特点，如何布局B端市场？有以下三种方式。

■搭建智慧供应链生态

B端业务侧重个性化、定制化，其背后是契合度——与核心企业生产经营的契合度。因此，需要站在企业生产经营的角度看支付——支付服务不再是外在的标准化产品，

---

❶ 艾媒前沿科技产业研究中心.艾媒报告|2019中国第三方B端支付市场专题研究报告[EB/OL].（2019-10-08)[2020-09-15].https://www.iimedia.cn/c400/66274.html.

而是内嵌供应链中，紧密贴合、不可或缺的一个环节。

也就是说，产业互联曾经是企业自己的事情，现在已经成为企业共同的事情，不同企业基于自身不同的禀赋以不同的方式参与其中。而支付机构由于其入口和贯穿始终的场景特性，可以联合核心企业，以产业互联网为基础，搭建智慧供应链生态。

一方面，以支付结算、营销导流等为切入口（支付场景与消费场景紧密融合），推动企业数字化转型，打造可控的用户触达路径，对于生产制造型企业，以供应链服务为切入口，发力服务型平台。

另一方面，加速核心企业信用、服务向末端（三级、四级、五级甚至更多层级）小微企业渗透，形成供应链生态圈。

总体来说，此种方式是以支付场景为前提，发力于 B 端商家的增值服务领域，拓展支付场景和支付业务空间，加快渠道下沉，深入核心企业的生产经营，参与其中，让支付产业链与核心企业商业模式交叉增多。但这种方式门槛比较高，需要凭借大量多元化支付场景和用户基数，广泛连接 B 端核心产业，大多为巨头企业所使用。

如阿里巴巴花巨资收购饿了么和蜂鸟，同年 10 月，阿里巴巴首席执行官张勇宣布将饿了么和口碑合并，组成国内领先的本地生活服务平台。合并后，饿了么旗下配送平台蜂鸟开始向包括口碑在内的新零售业务输出运力，而阿里巴巴原本的口碑外卖业务也交给饿了么运营。这是阿里巴巴供应链生态在生活服务领域的重要布局。

■ 核心数据构建竞争壁垒

其实站在小微企业的角度，参与场景建设的根本目的还是金融，毕竟企业生产经营离不开金融产品的支持，小微企业贷款难、融资难的问题依旧。而账户、存款、支付、代发薪资等基础金融服务中沉淀着大量有价值的数据。

如税务、医保、社保、海关报表、行政处罚等数据可间接反映企业经营状况，成为近年来银行发力信用小微贷款的主要抓手。不少银行的明星小微贷款产品（工行经营快贷、农行微捷贷、微众银行微业贷、苏宁银行税 e 贷等），背后都以税务数据为核心，叠加其他公共事务数据、征信数据甚至企业主信息等进行大数据建模。

而数据并非银行独有，第三方支付机构也可以基于支付数据打通 B 端市场解决方案，如小微企业信贷、风控、征信解决方案等。

因此，数据是一块宝藏。以数据获取为切入点，成为不少主流支付机构的选择。

由于支付机构自身已经具备一定的数据基础，先凭数据形成壁垒、后经金融完成渗透的方法更为省力，见效会更快，不失为集团类支付企业 B 端布局的好选择。

■ 照搬 C 端打法盲目硬上

我们可以看到转型 B 端的支付巨头大多曾在 C 端取得过辉煌成绩，如支付宝。

因此很多人可能在进军 B 端时会参考 C 端的成功做法——跑马圈地。

战略上，求快求大，找融资、拿钱"砸"科技"圈"用户，抬高获客成本，垫高进入门槛，依托千万级用户发展助贷，向零售转型，助力自身再转型。

产品上，先以纯线上高息现金贷打开市场，让规模增长起来，在规模增长中迭代模型和产品，积累用户、沉淀资金、夯实科技，在政策限制（现金贷新规）后顺势转型场景分期。

营销上，消费、社交拓展支付场景，打开用户边界和规模边界，为了拓展更多的支付场景，花费大量的人力、物力及补贴政策去抢占市场。

当然，这种规模优先、激进增长的打法并非不可行，只是互联网红利消失，已经不适合产业互联网时代，按照这个方式布局，可能会是一场持久的消耗战，并不明智。

当然，市场环境瞬息万变，过于复杂，以上三种布局方法也只是粗略划分。但就整体而言，从数据入手进行布局会是大多数第三方支付机构比较好的选择，而其具体落实方法在于：外部——"支付 +SaaS"，内部——"数据 +金融"，从而实现价值链下沉。

2

"支付+SaaS"

银嘉金服与 SaaS 服务商华软科技达成战略合作，拉卡拉与 SaaS 服务商千米网络达成战略合作，汇付天下与上市 SaaS 服务商微盟达成战略合作……以股权为纽带或以场景和用户为纽带，广泛连接科技公司、SaaS 平台，正在成为支付企业下沉 B 端的火热操作模式。

对支付机构而言，SaaS 赛道不光意味着有竞争空间的 B 端蓝海，在 SaaS 服务过程中沉淀下来的行业数据、行业服务经验，也给支付机构后续的业务开展带来了更大的想象空间……

历经机械革命、电气革命、信息革命之后，工业步入 4.0 阶段——借助科技创新与软件系统消弭信息与物理的边界，以实现智能制造。

而智能制造的前提是技术，通过技术查看、调用、组织诸如用户、物流、资金等"元信息"，优化生产经营过程，动态遴选最佳方案，让生产经营本身智能化、可进化——科技是最大的助力，推动各行各业进行数字化升级，支持商业"智慧"升级。在这一趋势推动下，催生出了服务各垂直行业商户的 SaaS 提供商。

SaaS，即通过网络提供软件服务；SaaS 服务商，即提供 SaaS 应用模式的科技企业。

SaaS 服务商为中小企业搭建信息化所需要的所有网络基础设施及软件、硬件运作平台，并负责所有前期的实施、后期的维护等一系列服务，企业无须购买软硬件、建设机房、招聘 IT 人员，只需前期支付一次性的项目实施费和定期的软件租赁服务费，即可通过互联网享用信息系统，既节省了大量费用，也大幅度降低了中小企业信息化的门槛与风险。

而 SaaS 服务与支付有着天然的合作基因：

都是企业基础性服务设施；

所服务的对象都是大量的中小微商户；

都沉淀了大量的行业数据。

二者结合，能够发挥"1+1 > 2"的效果：SaaS 服务很难为商户打通数据孤岛，帮助商户形成业务闭环，而支付贯穿交易始终，有着天然的闭环属性，支付闭环可串联 SaaS 各个信息孤岛；SaaS 服务商由于没有支付牌照，难以解决资金清算、结算等方面的合规性需求，在支付交易处理和金融增值服务等方面的能力有所欠缺，与支付机构合作则能有效解决这一问题，很好地构建一个完整的企业服务生态。

对支付机构来说，SaaS 服务商通常深耕于某一垂直细分领域，在提高商户营销能力和用户体验等方面比较擅长，与其合作能够很好地在支付系统中叠加、创新业务，拓展服务边界；支付企业需要 SaaS 服务商的云服务能力，提升既有商户在支付之外的增值服务价值，同时共享 SaaS 服务技术和行业数据，更好地下沉行业。

从市场空间来看，中国企业的信息化、数字化发展相对较慢，对应的企业级 SaaS 服务整体处于初级阶段，随着数字化转型需求的爆发，行业未来市场空间可期，而支付市场也处于上升期，二者可谓"强强联合"。

如银嘉金服与 SaaS 服务商华软科技达成战略合作，共同构建金融科技"简云生态"，为创新型银行、高成长企业及消费者提供 IT、产融结合、移动商务、支付等解决方案，旨在打通付临门支付服务和华软科技 SaaS 服务全链条。

在"简云生态"中，我们可以看到它想要实现的是业务流、财务流、资金流的"三流合一"，将金融服务全链条打通，借助付临门与华软科技打造的解决方案，让用户可以实现数字化的经营数据分析以及提供一站式支付、金融、营销、管理等解决方案，从而更为深入、便利地与产业链各方建立连接，如图 7-1 所示。

我始终认为，对于支付机构来说，产业互联网时代

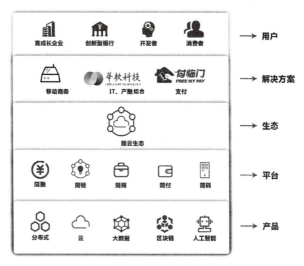

图7-1 简云生态

"支付+SaaS"可能是最大的机遇，SaaS赛道会是支付机构开拓B端市场一个不错的着力点。

那么，如何与SaaS服务商进行战略合作掘金B端市场呢?

■技术互补搭建底层架构

前面我们已经知道，SaaS服务存在信息孤岛，需要支付系统闭环和流量入口特性，最大限度地拓展用户和服务范围;支付服务则需要SaaS服务的云服务、商户营销能力和行业数据。

因此，在进行战略合作时，双方需要进行优势互补，以技术、数据为基础，技术共享、数据共享，搭建底层架构。

如银嘉金服与华软科技的"简云生态"便是架构在分布式、云计算、大数据等产品技术基础上，进而形成"简融""简链""简商""简付""简码"的"五简"服务平台。

■ 服务链形成商户全生命周期闭环

有了底层架构，便需要在业务层面进行"内容填充"，而填充的最好方法便是立足服务链条打造商户全生命周期闭环。

从不同的角度看，企业有不同的生命周期，如生产周期、管理周期、销售周期等。因此生命周期闭环，切入点可以是生产闭环、销售闭环、管理闭环、金融服务闭环等，从而服务于商户的生产、经营、管理、销售全流程。

如银嘉金服与华软科技的"简云生态"，其实现的便是从融资借贷到交易支付的金融服务闭环，助力企业从融资生产到销售服务的闭环运行。

当支付与 SaaS 服务商携手为企业架构起商户全生命周期闭环后，依托支付场景积累下来的数据和经验，有助于支付机构后续开展更多业务或进行转型，还可以进行"复制"，服务更多类似的企业、行业。

■新服务生态率先激活中小微企业市场

一般来说，企业规模越大对定制化要求就越高，能找到大企业合作自然是好，但中小微企业受限于自身的 IT 预算和开发能力，信息化、数字化建设相对落后，以按需订购模式的标准化 SaaS 产品和支付产品天然适合中小微企业。

因此，"支付 +SaaS"围绕中小微企业的行业属性及全生命周期闭环提炼共性需求，进行服务延伸，构建新的服务生态，在 B 端市场率先激活中小微企业，然后走"农村包围城市"路线，依靠技术赋能、数据赋能，持续拓展生态圈外延，不断延展金融服务边界，创新更多定制化的增值服务，进而慢慢撬动大型企业。

虽然不同的支付机构与 SaaS 服务商的合作形式不同，但是当下 SaaS 服务正在成为支付行业拓展 B 端最有利的"工具"，"支付 +SaaS"的商业效果将日益显现。

"数据+金融"

在移动支付普及之前,一次交易通常以结账结束,消费者支付完后基本"失联"——支付是整个商业经营的终点。

而现在,移动支付几乎实现了全覆盖,商户不仅能够通过消费者支付后留下的信息痕迹、消费喜好帮助自身进行产品改造、精准营销,也能够基于支付平台实现更多普惠金融服务——支付是一个全新的起点。

从终点到起点,支付机构内部的变革,特别是第三方支付机构的变革,使其能够基于自身的数据服务和金融服务,成功拿稳入驻 B 端市场的钥匙……

前面说了,站在小微企业的角度,参与场景建设的根本目的还是金融,且市场竞争的第一梯队企业为中国银联商务企业。因此,在很大程度上来说 B 端市场是银行的势力范围。

确实,凭借政策、资金推动,银行开发众多大力支持小微企业的金融业务，小微企业融资环境确实得到了较好的改善。

同时，银行与核心企业关系密切，在供应链金融领域布局已久，有着现成的供应链金融服务平台及配套产品体系，如订单融资、存货质押、应收账款、仓单质押、信用证等一揽子融资产品，国内贸易和进出口结算支持，以及投资、并购、发债等多元金融服务。

即便银行与核心企业交情深厚，金融产品齐备，也未必能覆盖整个市场。

第三方支付机构借助技术、数据优势，叠加金融创新服务，充分发挥互联网金融高效、便捷、普惠的特点，在一定程度上弥补了银行的不足，成为普惠金融的重要推动力量。同时第三方支付机构围绕技术、数据驱动，基于数据获取模式和支付场景，已经探索出了两种小微金融服务新路径：

一种以单一数据为依托的小微金融服务，如基于征信数据的非首贷小微信贷产品（支付宝的借呗），基于收单数据的 POS 贷产品（基于商家 POS 流水进行放贷）。

另一种以多元数据为依托的泛产业链小微金融，包括依托核心企业的供应链金融、电商平台金融以及支付 +SaaS 等新模式。

当然这两个路径并非完全独立，它们可能共存于同一支付机构中，有时还可能交叉并行。但是有一点是肯定的，小微金融服务风口已经来临。

中国银行保险监督管理委员会的数据显示，2018年末，普惠口径（单户贷款金额1000万元以下）小微贷款余额9.36万亿元，同比增长21.79%，比各项贷款增速高出9.2个百分点❶。中国人民银行发布的《2019年第二季度中国货币政策执行报告》显示，2019年上半年，普惠小微贷款新增1.2万亿元，同比多增6478亿元❷。

随着产业互联网加速发展，小微企业数据不断丰富，小微企业的融资渠道会越来越畅通、多元，加之小微金融服务对支付机构来说获客成本低、黏性十足，能够迅速发现场景、找到市场，基于数据的小微金融将开启更大的空间。

因此从数据出发，延伸小微金融服务，发展商户服务闭环，更好地实现对商户赋能，不仅会是支付企业的主要发展方向，也会是B端市场扩张的"常规操作"。

以银嘉金服为例。银嘉金服基于银嘉10年的大数据基础和业务积累，通过数据互通、交易保障、信息共享、技术共享等措施，打通数据孤岛，有效整合，发挥数据合

❶ 银保监会：2018年末普惠型小微企业贷款余额9.36万亿元[EB/OL]. (2019-03-25)[2020-09-15]. http://www.gov.cn/shuju/2019-03/15/content_5374041.htm.

❷ 中国人民银行货币政策分析小组．中国货币政策执行报告2019年第二季度[EB/OL]. (2019-08-25)[2020-09-15]. https://www.jinchutou.com/p-96368463.html.

力、数据赋能。

银嘉金服支付板块建立数字化的金融科技支付体系，通过专业数据架构支持，为商户、用户提供数据存储、数据加工、数据管理、数据安全保障等全方位支付服务，在此基础上做到支付服务、金融服务、数据服务、电商服务等数字化闭环，力求全维度为线下中小企业经营赋能。

银嘉金服服务中小微企业的优势在于技术、数据、业务创新，利用互联网，深入大数据、云计算、AI 领域以降低服务成本，并建立智能化风控系统；利用互联网和SaaS 服务，整合技术、数据资源，优化客户服务，以完善服务供给，提升用户黏性；利用技术、数据驱动业务创新，提升金融服务质量与效率，使整体服务能更好地惠及线下中小商户长尾群体。

当然，在这个领域里，当前很多诸如银嘉金服的第三方支付机构都仅仅是初步探索，但是在未来数据的应用会越来越多，小微金融对 B 端的渗透也会越来越深入。

那么，具体该如何有效地运用"大数据 + 金融"实现B 端价值链下沉呢？

■ 支付大数据阵地打造

随着支付场景的多元化，当今的支付系统数据来源已经不再单一，基础数据非常丰富，在合理的支付系统架构中有着很好的联动关系，因此有着"3V"特性。

体量大（Volume）。业务量越大、场景越丰富，数据规模就越大，如付临门的用户已经超过千万级，年交易规模逼近万亿元，支付系统中早已沉淀了海量数据。

类型多（Variety）。既有资金流为代表的机构化数据，又有涵盖时间、地点、身份信息等的半结构化数据。

处理速度快（Velocity）。不管是自学习，还是进行实时或准时的处理，支付系统数据处理时效性都比较强。

基于这些特性我们就可以着手打造大数据阵地，并依托一定的技术和规则构建大数据分析模型，实现数据的互通、互联和共享，挖掘出数据在金融领域的应用价值，如信贷服务的大数据应用、大数据风控，帮助小微企业获得贷款。

需要提醒一点，在打造大数据阵地服务金融时，除了构建大数据分析模型外，还需要政策的分析模型，分析各种规则，如准入规则、授信规则、违约规则等，最大限度地做好数字化风控。

六大类金融业务布局

目前数据可实现的金融业务大体有六类。

信贷服务。

理财服务。利用大数据技术进行数据分析、挖掘，提供精准产品方案，并进行智能推荐。

征信服务。以数据方式补充传统信用评分卡方式，并将非借贷数据应用到信用领域，极大扩大信用服务的范围和信用数据的使用范围。

保险服务。结合保险传统的精算系统，用大数据做补充，加入用户特征、数据征信、数据风控等新维度，完善保险服务。如通过数据源识别人的基本健康特征，识别骗保等。

安全服务。基于数据的方式进行账户安全监控、交易追踪以及反洗钱等。

用户服务。大数据服务异常监测。

总体而言，支付走向互联网金融方向的关键在于数字化，其应以数据、技术和业务为依托，构建支付、营销、管理、风控为一体的数字化闭环，为用户提供综合金融支付解决方案。

如今以第三方支付业态为代表的互联网金融，填补了传统银行忽视的碎片化、零星化业务的空白，与银行有着很好的互补性，在政策上其也得到了肯定和鼓励。

央行曾在2014年提出互联网金融监管五大原则，提到互联网金融中的网络支付应始终坚持为电子商务发展服务和为社会提供小额、快捷、便民的小微支付服务的宗旨，认为互联网应用的大众化和金融服务的普惠功能提升已经呈深度融合、相互促进的大趋势，互联网金融创新有利于发展普惠金融，有旺盛的市场需求，应当给予积极支持，也应当占有相应的市场份额。

但我们仍然需要注意：不管是小微支付服务还是互联网金融，其本质仍然是金融，其发展前景很大程度上依赖于监管方向与力度，在转型的过程中一定要合理把握创新的界限和程度，不能脱离金融监管，脱离服务实体经济。

小微金融服务会是支付企业在 B 端的"软着陆"，结合大数据的营销、管理等数字化服务，将会助推支付企业很好地下沉 B 端。

B 端之路才刚刚开启，我们一直在路上，随着业务和模式的不断演变，未来肯定还会有未知的领域等着我们，唯有拥抱变化，主动接纳，以这样的态度来面对 B 端市场的建设，才能与时俱进。我们也相信，好的东西永远都是在不断的演变中进化而成的。

第八章
升级迭代

当今时代，世界善"变"，市场善"新"，要么以"不变"应"万变"，要么以"万变"应"不变"，如此方能善"活"。而"不变"在属性，是尊重特性，是遵循规律；"万变"在方式，是产品迭代，是业务升级……

PAYMENT
ECONOMY

三个假说

当二维码支付历经"监管风云",逐渐被接受和习惯时,刷脸支付又来了;当我们还沉浸在刷脸支付带来的新奇与担忧时,无感支付又来了……

当支付设备正在成为一种不可或缺的基础设施时,互联网金融开启了;当互联网金融正在进行时,金融科技开启了……

眼花缭乱的支付方式,风云莫测的支付市场,我们被时代"牵着鼻子走",也在用自己的思考和奋斗引领着时代的变革。

"十年"也许是这个时代赋予我们的演进节奏。

从 PC 端到移动互联网,从消费互联网到产业互联网——互联网"十年一时代"。

从传统支付,到互联网金融,再到金融科技——支付经济大体也是"十年一时代"。

面对滚滚的时代洪流,大家纷纷研究、探索转型方向，对支付的未来发展提出了三种假说：

工具说——实用；

技术说——科技；

连接说——赋能。

工具人人都有需求，从工具的角度看，支付就是人们的交易工具，且不是一次性的消耗品，或华而不实的奢侈品，而是实实在在能够被用户日常高频使用的工具，唯有工具才不会被人们舍弃，并一直使用。

科学技术是第一生产力，从技术角度看，从传统POS机到智能POS机，从二维码支付，到刷脸支付，再到无感支付，技术推动了支付系统进化、业务升级，唯有紧跟技术的步伐，方能不落伍于时代。

互联网的本质是连接，如今不管是基于电商、社交，还是新兴技术，支付都充分发挥着连接的功能，深度连接能力将成为互联网时代的核心竞争力之一。

这三种说法都有道理，只是看问题的角度和发展的侧重点不一样，共同揭示了当今支付的共性。只是这在我看来有些太理想化，有着很深的互联网C端爆品操作痕迹——专注某一领域，做到极致，推出爆款，从而占领市场高地。

B端不同于C端，适合A的爆款未必适合B，适合A的技术也未必是B需要的，B最紧要的连接可能在上游企业，A可能更需要异业合作——B端更为复杂和多元，往往需要我们综合性地思考和应对。

以技术为例，占据市场并非纯技术问题。

当前手机厂商纷纷布局支付，使用新兴 NFC 技术 ❶ 实现支付，但是各种"Pay"依然很难和支付宝抗衡。支付宝通过大量的优惠活动、理财功能、新式功能来绑定用户。不过手机生产巨头们慢慢明白了这个道理，如苏宁金融旗下消费信贷品牌"任性贷"，宣布与华为 Pay 展开合作，将接入华为 Pay 信用借款板块，提供信用贷款服务。这算是华为 Pay 对捆绑用户的一个新尝试。

再以银嘉金服为例。

当付临门成为很多中小微企业的交易工具时，其不仅自身注重技术研发，也积极地与科技公司合作，在支付系统中内嵌更为智能、先进的技术，以便实现更多的连接，不断提升支付的便捷体验，拓展支付场景。同时依托技术赋能、数据赋能，让付临门支付系统不仅成为交易工具，也成为数字化工具。

因此，这三大假说对于支付机构来说不是发展方向，而是未来支付的三种不变的属性，是支付经济的一种综合性的升级迭代方向。对支付机构来说，要具备独特的迭代思维，思考现在与未来，从而快、准、狠地将竞争对手甩在身后。

---

❶ NFC 技术：短距离无线连接技术，它可以很容易地进行交易、交换数字内容，并连接电子设备，只需接触一下即可。

■具备独特迭代思维

迭代是循环执行、反复执行的意思，也就是从不完美到完美。迭代思维就是不追求完美，允许有不足，尽早将产品推到用户面前，接收反馈，不断试错，持续完善产品的循环聚集，包括"快""反馈""试错""小""优化"等关键词。

然而，支付行业不同于其他行业，犯错很可怕，在推出产品和服务时是不能有错的，因此对支付圈的人来说迭代思维只能是"推出快＆更新快""成本小""持续优化"，也就是将多个环节围绕目标做一种螺旋式布局，将成本和风险逐渐降到最低。

其思考步骤是：

第1步，明确目标，我想要什么？

第2步，实施路径，需要做什么才能拥有我想要的？要怎么做才能最快实现？

第3步，寻找资源，支撑我这些行动的资源是什么？

第4步，寻求合作，谁有这些资源？

第5步，达成战略合作关系，拥有资源的人的需求是什么？他们要什么资源才能实现需求？

第6步，返回第2步。

所以，对支付圈的人来说，迭代思维更偏重于迭代的意识，意味着我们必须要拥有与这个时代匹配的意识和思考方式，如图 8-1 所示。

■ 工具布局快

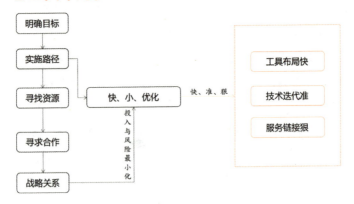

图8-1　思考步骤

　　当今支付方式日渐丰富，支付已经不是痛点，但是每一个技术风口似乎又都会带来一次巨大的"支付地震"，如曾经的 POS 收单，现在的智能 POS 收单；曾经的二维码支付，现在的刷脸支付……

　　支付宝、微信支付率先入局二维码支付，一统支付的半壁江山，一度让银行业无可奈何，现在二者又同时盯上了刷脸支付，特别是支付宝已经推出了蜻蜓 2.0。当"蜻蜓"大量飞入寻常百姓的视野，大家日益习惯这种支付工具时，也许会是二维码支付没落之时。

因此，从支付的工具属性上来看，就是要尽早地将工具递到用户手中，这需要我们做到以下几点。

对时代发展有着敏锐的洞察力，把握时代的脉搏、紧跟市场的律动进行支付产品研究和布局。

对前沿技术有着敏锐的嗅觉，能比竞争者更早地切入技术研究，以最快的速度研发新技术，推出可靠的产品。

跟进用户体验反馈，小处着眼，单点突破，渐进式创新。

快速更新，不断优化。

■ 技术迭代准

技术快速发展是一件令人兴奋的事情，站在使用者的角度上看有时却是一件令人心累的事情，因为想要跟上技术发展并不是一件容易的事，想要在众多技术中寻找契合自身发展的技术更是一件不容易的事情。

因此，对于支付机构来说，想要不被技术潮流甩下，同时真正挖掘到契合自身的技术，必须做到迭代准。

注重技术发展趋势，支付绝对是技术迭代非常快的领域，大数据、云计算、AI 等技术对其都有着推动作用，因此想要跟上技术迭代速度，不仅要注重已使用技术的发展趋势，还要关注未来可能出现的技术趋势。

选取契合的技术植入，不盲目跟风，而是冷静、理性地根据自身技术、业务特点选取，特别是要考虑这项技术对自身用户现在及未来的影响，详细、深入地去了解，然后再考虑是否进行技术植入，植入时需寻求优质科技企业长期合作。

支撑系统技术整合，支付系统中的支撑系统往往是局限技术迭代和新技术植入的重要关口，因此支撑系统要具备足够的开放性，注重技术整合，搭建一个可融入的技术生态。

■ 服务链接狠

对商业领域而言，一切的变革与冲击归根结底都是为了更好地服务用户。

当今时代，工具可以指数级增加，技术可以爆炸式更新，一切都会增长，但是人的注意力是固定的，结果必然是人的注意力越来越稀缺，用户时间越宝贵。这反映在支付上一方面是对支付服务和产品实时性和便捷性等体验的要求越来越高；另一方面是希望在同一个系统中实现更多链接，可以享受一站式多元化服务，诸如金融、社交、娱乐等。

因此，如不进行服务升级优化，眼里只盯着新技术、新工具，就不可能真正理解冲击来自何处，真正有效的应对措施是什么。这需要我们一方面精耕细作，打造服务新生态；另一方面不断地拓展服务生态边界。

　　我相信在未来很长一段时间内，支付的工具、技术、连接特性都不会改变，在此基础上，我们可以"以不变应万变"，更好地融入这个时代，进行创新。

2

创新的"点""线""面"

让一个铁球从静止状态变成运动状态，开始需要的力最大，对应的是质变，但铁球一旦动起来，只需要再加点力，加上铁球自身的惯性就可以持续向前运动。

其实经济活动也与这样的物理现象类似：改变方式、习惯等需要付出很大的成本，一旦方式、习惯形成，维护的成本就要小得多。

创新就发生在改变的那一刻，获得的收益也集中在这些创新的改变，且收益可以持续很长一段时间。大到公司，小到个人，在经济活动中创新和收益都会成正比。

网络创新。支付数据终于彻底完成了从纸质化到信息化的转变。

技术创新。以智慧科技为推力，以消费升级为拉力，二者结合，为支付产业提供了巨大的新动能。

商业模式创新。支付的金融属性、数据属性日益显现，正在催生一系列新业态、新产品和新服务。

产业创新。支付企业将会更加积极向海外布局，并将形成规模优势，不断拓展支付发展的新空间。

……

支付经济一直在发展，创新从来没有停止！

不过在谈论支付创新之前，我们先要设立一个标准：到底如何做才叫创新？到底什么样的创新是值得我们关注的"好创新"？

对于创新，大家都明白，是以新思维、新发明和新描述，改进或创造新的事物、方法、元素、路径、环境，并能获得一定有益效果的行为。

概念很好理解，但难在很多人解读和领悟其含义时会将新颖、创造、发明等概念与创新混淆。

新颖。产生了新的东西（如造了一个新词，用了一种新配色方法、一个新技术），往往没有保护，但因其价值有限遭剽窃的风险也就非常有限。

创造。产生了新的且有价值的东西（如产品），受版权、商标保护，但因欠缺应用性而不具备专利性。

发明。产生了新的且在应用方面蕴含潜在价值的东西（如专利、秘方），享受专利保护。

创新。产生了新的、有价值、有用的东西（如亚马逊的物流、银嘉金服的"简云生态"），受市场竞争的保护。

四者之间具有层级性：创造包含新颖，发明包含创造，而创新除了包含新颖、创造，往往也包含发明。但是需要注意的是，发明就是发明，不等于创新，也不等于创造或新颖。

　　因此创新的真正标准是：借助独有或新的知识、技术、物质来建立可竞争、可防卫的技术、产品、系统或模式等，进而在相应领域发生作用。换句话来说是一个"更新（新）—创造（有价值）—改变（有用）"的系统化工程。

　　以付临门 POS 终端创新为例。

　　更新——付临门基于互联网和云计算，以自主研发的付临门移动支付系统，对传统 POS 终端进行更新。

　　创造——诞生智能 POS 终端、MPOS（手机刷卡器）。终端为商户提供极速收款服务的同时，额外提供 MIS（商户收银一体化）系统、进销存管理系统、会员卡发行受理系统、便民缴费系统等平台服务。

　　改变——小微商户可通过智能 POS 终端实现便捷刷卡收款、扫码收款、小额双免、云闪付交易、日常缴费以及会员管理、会员营销等服务。

　　而在这个创新过程中，付临门移动支付系统是"护城河"，保证了核心技术的独特性，付临门还有完整的商标注册体系作为保障，使其在市场竞争中始终保有独立性和独特性。

　　当然，POS 终端创新只是一个"小创新"，在支付领域也已经不是什么新鲜事。对当前的第三方支付机构来说，真正的"大创新"在于基于技术和数据的商业模式创新，对技术和数据进行更新，搭建大数据库，在提供综合支付解决方案时，渗透、延伸旅游、医疗、餐饮等行业的金融和数字化服务，构建起数字化闭环服务新生态，从而助推普惠金融和中小微企业数字化转型。

创新不是运用或革新了一个新知识、一项新技术，而是新东西从生产到应用的有始有终的过程和结果，需要能够解决和处理具体的问题，更需要市场的检验。一味固执地追求新颖，不过是误用创新概念，将创新与那些不能产生价值的活动混淆，这样就会蒙蔽视野，在持续发展的过程中走向歧途。

那么，如何真正地做好创新呢？

也许在很多人眼中颠覆性创新才能称得上真创新，但是这往往需要企业进行高风险的巨额投入，包括资金、时间、经历和战略聚集，而且后果很难预见，如果失败必然要付出巨大代价。因此，我们需要懂得学会从"点""线""面"入手开启"微创新"！

■ "点"——核心优势决定创新内核

当今的 iPod（苹果播放器）、iPhone（苹果手机）还有什么高、精、尖的技术突破吗？其实没有。但苹果把现有的技术以一种新的方式整合在一起，升级用户体验。靠一个产品占领市场后，苹果就快速推出这个产品的新版本，每一个新版本都有新的用户体验。

创新其实并没有那么高大上，很多时候都是建立在自身资源优势组合、改进、升级的基础上；基于核心资源优势的创新是最省力、最省成本，往往也最有效的。

对支付机构来说，核心资源大多是技术资源、数据资源等，从不同的资源优势切入往往会有不同的创新重点。如果一个支付机构本身具备先进的技术，便可以通过技术升级走技术创新路线；如果一个支付机构拥有大量的用户数据，便可以通过数据赋能走数据创新路线。我们需要找到自身的核心资源优势，以核心资源为创新切入点，围绕核心优势运用新思维、新知识、新技术，不断地进行升级迭代。

另外，在"一级＋二级"市场的变革背景下逐步形成的新资本，会更重视企业社会责任，侧重于科技创新服务实体经济、助力产业升级，这会是支付企业依托技术资源、数据资源创新的一个风口。

■"线"——产品承载创新价值

有了"点"不过是完成了创新的第一步，接下来便是在此基础上运用产品或服务来承载创新价值，接受市场检验。

根据创新产品进入市场的先后，创新途径有两种。

第一种途径是率先创新，指依靠自身核心优势以及努力探索，实现核心概念或核心技术的突破，并在此基础上完成创新的后续环节，从而实现商品化和市场开拓向市场推出全新产品。

第二种途径是模仿创新，通过学习、模仿率先创新者的创新思路和创新行为，吸取成功经验和失败教训，引进和购买率先创新者的核心技术，并在此基础上进行进一步开发。

但不管是哪一种创新，都需要设计完善的"迭代线路"：从技术、功能、型号乃至颜色、形状等方面不断地对产品进行改造，从而使产品更加契合支付场景，使用户获得更为丰富的使用体验。其关键点在于：围绕核心产品或服务进行多种补充性创新；将所有补充性创新作为一个体系运转，以实现对用户的承诺；所有补充性创新需要被紧密、集中地管理。

■ "面"——平台化、生态化服务实现价值

在数字化、互联网化、智能化、生态化的冲击下，各行各业形成了新的竞争格局和经营业态，而平台化、生态化将是未来支付最大的创新效应。

平台化。支付机构将提供全流程、立体化的服务链

条，支付服务边界越来越模糊，支付技术、支付产品、支付服务的创新越来越多元化，被应用到各个领域。

生态化。随着创新链条被打通，以及各个数据孤岛的互相连通，平台化会进一步迈向生态化，支付机构将与各方牵手合作，依托科技、聚焦场景、围绕用户打造新生态系统，进一步释放创新效应。

而在一个支付平台或支付生态中，创新链条囊括了支付工具、支付流程、支付基础设施、组织机制、支付产品等维度，也就是说，平台化和生态化不仅能够让创新服务更多的用户，实现价值，更是开辟了一方更为广阔的创新天地。

"点—线—面"的创新方法其实是一种螺旋式上升的创新方法，以核心优势为创新切入点，构建产品线性迭代模式，形成平台、生态的应用面，然后在这个应用面的基础上进行新一轮的"点—线—面"创新，不仅省时省力，且有着"不封顶"的创新空间。

创新是"以万变应不变"，是"穷则变，变则通，通则久"。借用"人之可贵在于能创造性地思维"这句话——立足未来在于能以创新来适应和洞察。

3

维度战争启示

一直以来，腾讯和阿里巴巴在争夺着支付领域的"王座"。

2013 年，国内的网约车市场，腾讯拿下滴滴出行，而快的打车的背后则是阿里巴巴，一时间，战云密布，大战一触即发。

2015 年，腾讯和阿里巴巴都没闲着，在 O2O 各个细分领域"掰手腕"，作为追赶者的微信支付，凭借着海量的用户和高频社交，蚕食着支付宝的市场份额。

2018 年，微信推出刷脸设备"青蛙"，支付宝推出了全新的刷脸支付硬件产品"蜻蜓"，随后两家马上展开了补贴大战。

其实自央行颁布政策统一收付款二维码时，支付经济已经开启了高维度争夺战……

在《三体》中一共出现过三次维度战争。

第一次，古代女巫狄奥伦娜利用四维空间轻而易举地进入重兵把守的牢房，毫发无损地取下了一个强壮犯人的大脑。

第二次，在三维世界中无坚不摧的"水滴"，被无意进入四维碎片的人类飞船瞬间打败。

第三次，歌者文明打出"二向箔"，将整个银河系从三维降至二维，最终将不适应二维生存的宇宙文明全部消灭。

《三体》中运用大量篇幅描写"维度打击"这个概念，给大家带来了极具震撼的概念冲击，"维度打击"也成了日益被瞩目的商战策略。

那么，什么是"维度打击"？它到底有多大的攻击力？

举个简单的例子，我们面前的一张纸就是一个二维世界，而我们自身所处的是三维世界，我们可以看见这张纸上所有的内容，还可以轻而易举地将其涂抹甚至撕掉。也就是说，在三维世界面前，整个二维世界是一览无余的，想打击哪里轻而易举。同理，对四维世界来说，三维世界同样一览无余。比如 A 躲在堡垒里想要避免被打击，殊不知在四维空间看来，人和堡垒根本就是一个平面之中不相干的点，完全可以不用理会堡垒直接对 A 进行打击。

所以，低维打击高维必死无疑，高维打击低维必胜无疑！

其实，在支付领域维度战争无处不在。

比如，二维码曾给支付机构提供了一次接触"高维文明"（移动端）的机会，能适应这种"高维文明"的支付机构特别是第三方支付机构越来越红火，银行尽管很大很强，甚至不可战胜，但在那些处于高维的第三方支付机构的打击中尽显疲态和无奈。也是在此次的"高维连接"中，支付宝和微信支付平分了零售柜台。

如今，腾讯是"支付＋社交"的老大，阿里巴巴是"支付＋电商"的霸主，二者在第三方支付世界中都如"水滴"在三维世界中那样不可战胜，但它们又都深谙维度战争的可怕，都积极向更高维度跃进，同时剑指云计算、AI等技术，互联网金融成为最终的角斗场。

借用维度空间的概念，如果对进入互联网时代后的支付进行一次概括，支付已经诞生了四个维度。

一维，传统支付（20世纪90年代之前），维度武器是银行卡、POS收单等。

二维，PC端（20世纪90年代后期至2014年），在一维的基础上叠加互联网这个维度，维度武器是线上支付。

三维，移动端（2015—2017年），在二维的基础上叠加移动互联网这个维度，维度武器是"码"上支付。

四维，金融科技（2018年以后），在三维的基础上叠加高新技术维度，维度武器是大数据、生物识别、万物互联网、区块链等。

二维中，支付机构的生存方式比较纯粹，就是"中介—收费"，在三维中演变为"支付 + 互联网金融"，而在四维中则是"支付 + 互联网金融 + 技术赋能 + 数据赋能 +N 种可能"。

不管我们承不承认，我们都已或主动或被动地迈入了支付的四维世界，四维世界也带给了我们五大黑洞效应。

■ 技术演化

一直以来，技术都是非常厉害的维度武器，未来它更会是一道"生死关"，迈过的企业能获得入场资格，迈不过的企业只能黯然离场。

当今新兴技术与支付的交互形态也发生了演化，如云计算应用进入深水区，将更加关注安全稳定与风险防控；AI 应用加速发展，从计算向感知与认知的高阶演进；大数据应用走向跨界融合，标准与规范是未来发展的关键；区块链伴随着 TPS（系统吞吐量）性能问题的优化、监管法规的完善，在票据、公证防伪、资金溯源、民生等领域应用将更加丰富。

同时，从未来发展趋势看，云计算、大数据、AI、IoT、区块链等新兴技术在实际应用中彼此的边界正在不断模糊，未来技术创新将会越来越集中在技术交叉和融合区域，尤其是在金融支付行业的具体应用落地方面。如系统学习通过与大数据技术的结合应用，已经覆盖营销、风控、支付、投顾、投研、客服等各金融应用场景，推动支付经济进入全新发展阶段。

■场景经营

随着支付和SaaS的融合，技术群落崛起，支付经济发展的技术延展性不断增强，产品、服务的边界不断拓展，这使得支付机构的经营边界泛化，模糊了金融、商业消费等场景，再加上支付在各行各业的渗透趋势日益明显，支付未来竞争的核心是场景——得场景者得天下。

■交易赋能

关于这一点，前面已经分析了很多，这里只强调一点：未来的支付经济会形成一种可持续的生态，更好地满足用户的产品需求、服务需求以及数字化需求。

■倍增效应

移动互联网正在进入5G时代，随着场景渗透，支付系统中参与者和使用者数量不断增多，交易节点会越来越多，加之支付系统内各要素、各环节和各流程的运营成本降低，规模效应会逐渐显现。

也就是说，一旦建立起支付生态，生态所产生的价值将远远大于只是作为内嵌支付工具或单纯支付平台的应用价值，参与者和使用者的增加给生态中的每一个成员所带来的价值也会越来越大。这也是数字经济时代下，各个参与者进行优势资源共享和稀缺资源互补配置的目标，即实现倍增效应。

■ 指数增长

万物互联会不断放大和扩散支付平台或支付生态产生的价值和利益，从而进一步实现更多业态和商业模式的创新，不断强化跨界融合。各个平台、生态之间将深度互联互通，通过扩张与整合，连接各方势能加速提升，利用技术和数据的驱动实现优势资源在更大范围内的共享和互补，推动倍增效应在更大程度上释放，最终实现经济效益的指数级增长。

"支付战争"虽然没有硝烟和战火，但技术性一点都不差，我们不仅需要技术、数据等要素的加持，努力像"水滴"一样在三维世界中坚不可摧，同时也要积极探索更高维度的生存法则，不断升级迭代，以防被"降维打击"。

第九章
监管"格心"

　　当风口与乱象并存，当利益与良知冲突，当行为与规则越界——支付经济的健康发展需从外监管，从内"格心"，内外兼修，从而"诚取天地正气问人间暖凉，法引规矩方圆律世间万象"。

PAYMENT
ECONOMY

科学与政策之舞

在基督教的肖像学中，上帝的右手代表"正直与公正"；左手通常代表"迂回与狡黠"。在《新约·马太福音》中耶稣说，将来所有的人集中在他面前，他要把他们分辨出来，好像牧羊人分辨绵羊和山羊一般，绵羊在右，代表善；山羊在左，代表恶。

绵羊在上帝的右边接受赐福："你们这蒙我父赐福的人，可来承受那创世以来为你们所预备的国！"山羊在上帝的左边接受审判："你们这被诅咒的人，离开我！进入那为魔鬼和他的使者所预备的永火里去！"

金融风险和金融规范，恰如上帝的左右手，右手公正、公平，左手贪婪、狡黠，金融市场也唯有在右手"赐福"、左手"审判"中才能健康有序地发展。

有人的地方就会有江湖，有钱的地方就会有风险。

支付是一个与人、与钱打交道的事情，必然有着江湖纷争（如市场竞争），有着诸多风险（如信息泄露、"钓鱼"欺诈等）。

为了促进支付市场的良性发展，国家也一直未放松对其监管，密集出台了多项政策措施来规范支付市场运作，在监管加强的同时推动着行业持续发展。

2009年6月，《银联卡收单第三方服务机构管理办法（试行）》明确了银联卡收单第三方服务机构注册登记与认证流程以及其他关联事项，同时明确了银联卡收单业务委托服务的基本要求和服务标准。

2010年9月，《非金融机构支付服务管理办法》（中国人民银行令〔2010〕第2号）出台，提出了针对金融机构提供支付服务的准入标准监督管理、处分处罚等管理措施，规范非金融机构支付服务行为，防范支付风险，保障当事人的合法权益。

2012年9月，《支付机构预付卡业务管理办法》（中国人民银行公告〔2012〕第12号）出台，对预付卡的发行、受理、使用、充值和赎回及预付卡业务企业的监督管理、纪律与责任做了详细规定。

2013年7月，《银行卡收单业务管理办法》（中国人民银行公告〔2013〕第9号）出台，就从事银行卡收单业务机构在特约商户管理、开展业务管理、风险控制管理、监督管理及罚则方面进行规范，保障各参与方的合法权益，防范支付风险，促进银行业务健康有序发展。

2014年3月，《支付机构网络支付业务管理办法》出台，对互联网账户管理、业务管理、特约商户管理、风险管理及企业的监督管理、纪律与责任做了详细规定。

2015 年 7 月，《关于促进互联网金融健康发展的指导意见》（银发〔2015〕221 号）发布，确立了互联网支付、网络借贷、股权众筹融资、互联网基金销售、互联网保险、互联网信托和互联网消费金融等互联网金融主要业态的监管职责分工，落实了监管职责，明确了业务边界，同时就客户资金第三方存管制度、信息披露、风险提示和合格投资者制度等方面提出了具体要求。

2015 年 12 月，《非银行支付机构网络支付业务管理办法》（中国人民银行公告〔2015〕第 43 号）（以下简称"办法"）出台，针对非银行支付机构从事网络支付业务，在业务开展范围、支付限额管理、风险管理及罚则等方面制定管理意见。

2016 年 8 月，《二维码支付业务规范》出台，明确指出支付机构开展条码业务需要遵循的安全标准。

2018 年 5 月，中国人民银行支付结算司《关于对非银行支付机构发起涉及银行账户的支付业务需求进行调研相关文件的通知》（银管支〔2018〕1 号）发布，要求支付机构和银行应积极接入网联平台。

......

其中，2015 年的"办法"虽然发布较早，但辐射范围和影响力已经远远超出了支付市场本身，对电子商务和互联网金融的发展、"互联网+"战略的实施以及经济结构转型升级都产生了重大而深远的影响，依然是当今支付行业的热点政策。

"办法"将个人支付账户分为三类，分别为Ⅰ类账户、Ⅱ类账户和Ⅲ类账户。在验证标准上，严格性逐步递增，付款额度成倍增加。在权限功能上，Ⅲ类账户除消费转账外，还有理财的功能，如表9-1所示。

表9-1　　　　　　　　　三类账户类型

账户类型	Ⅰ类账户	Ⅱ类账户	Ⅲ类账户
验证标准	非面对面方式，至少通过一个外部渠道验证身份	面对面验证身份或以非面对面方式至少通过三个外部渠道验证身份	面对面验证身份或以非面对面方式至少通过5个外部渠道验证身份
付款额度	自账户开立起累计付款1000元	年累计付款10万元	年累计付款20万元
权限功能	消费、转账	消费、转账	消费、转账、理财

支付账户与非同名的银行账户之间不可以相互转账，但也开出了一个口子：根据企业资质、风险管控特别是客户备付金管理等因素，将第三方支付机构分为A、B、C三类。如A类机构，且Ⅱ类、Ⅲ类支付账户实名比例超过95%的支付机构的客户，支付账户与非同名银行账户之间可以相互转账。同时，"办法"给予综合评定高、账户实名制做得好的支付机构在客户身份验证渠道、支付账户转账功能、支付账户单日交易限额、银行卡快捷支付验

证方式等方面更具监管弹性和灵活性，能够获得更多创新支持。

同时，二维码等多种支付方式涌现，使软件受理端成为新的支付技术创新口。一方面，二维码支付日益成为生活消费支付主流，业务需求更加广泛；另一方面，二维码支付本身存在一些问题，移动支付发展让支付机构获得了海量数据，也为相关信息安全服务机构带来新的挑战。

为了让二维码支付业务市场更加规范，2016 年 8 月《二维码支付业务规范》出台，这是央行在 2014 年叫停二维码支付以后首次承认二维码的支付地位。《二维码支付业务规范》在验证要素、支付限额、安全认证、各方责任方面予以了明确的规定，如表 9-2 所示。

表9-2　　　　　　　　《二维码支付业务规范》细则

验证要素	支付限额	安全认证	各方责任
A 级：采用两类（含）以上有效要素对交易进行验证	A 级：可以通过协议自主约定单日累计限额	1.支付企业需遵循客户实名制准则	1.商业银行和支付机构在合作前要划分好各自的权责
B 级：采用不包括数字证书、电子签名在内的两类（含）以上有效要素对交易进行验证	B 级：同一客户单日累计支付金额不超过 5000 元	2.业务系统，客户端软件、受理终端等，应当持续符合监管部门及行业标准要求，还应该通过协会组织的技术安全监测认证	2.商业银行和支付机构约定或在合作协议中明确交易验证、信息保护、差错处理、风险赔付等方面的权利、义务和违约责任，切实保障客户资金安全和信息安全
C 级：采用不足两类要素对交易进行验证	C 级：同一客户单日累计支付金额不超过 1000 元		

2017 年 12 月,《条码支付业务规范(试行)》(银发〔2017〕296 号)发布,重申第三方支付机构必须持牌经营、切断与银行多头直连、遵守跨行清算系统规定、不得采用不正当竞争手段等要求,针对二维码支付可能引发的风险隐患,填补制度空白。

而自 2015 年开始,中国人民银行、中国银行保险监督管理委员会、工业和信息化部等十部委陆续出台各种指引政策,对互联网金融展开严格监管……

政策与市场紧密相连,每一项重要政策的背后几乎都是一次支付革命,政策历程也一定程度上反映着支付的发展历程。

时代的车轮滚滚向前,在全球金融科技的发展浪潮之中,中国金融科技行业以迅雷不及掩耳之势崛起。

一方面,金融科技在帮助传统金融行业提质增效的同时,其潜在的风险也逐渐暴露;另一方面,金融科技期望相关监管部门给予足够的创新空间,监管部门亦努力在科技创新与风险防控之间找到平衡点。

2019 年 8 月中国人民银行发布的《金融科技(FinTech)发展规划(2019—2021 年)》,指出"守正创新、安全可控、普惠民生、开放共赢"的基本原则,提出到 2021 年建立健全我国金融科技发展的"四梁八柱",进一步增强金融业的科技应用能力,实现金融与科技深度融合、协调发展,明显增强人民群众对数字化、网络化、智能化金融产品和服务的满意度，确定了战略部署、应用、赋能、风险防范、监管、基础支撑六个方面的重点任务。

2019年12月，央行发布公告表示，中国人民银行支持在北京市率先开展金融科技创新监管试点，探索构建符合我国国情的金融监管政策，金融科技监管迈出实质性一步。

伴随着支付新业态的发展及监管趋严态势，行业参与者都需要对自身所处的政策环境进行精准研判，适应政策要求，不触碰红线，同时顺应政策导向，挖掘机会。除了监管趋严常态化，还有四大趋势需要大家关注。

■ 监管创新

监管方在监管继续趋严的同时，也在思考如何通过监管创新，保持行业活力，充分发挥科技对金融的推动作用，特别是在普惠金融、小微金融等方面的独特优势。

监管创新主要体现在三个方面：

一是监管理念和监管方式的创新，监管理念主要是对金融科技的肯定、包容，监管方式就是监管沙盒。

二是监管框架创新，2018年上半年我国完成了金融监管框架调整,"一行三会" ❶ 的金融监管格局成为历史,"一委一行两会"❷ 的监管新格局形成。

三是监管能力创新,主要是技术对监管的加持。

◼ 风险防范是重中之重

自 2017 年以来,中国人民银行落实全国金融工作会议精神和党的十九大工作部署,把防范和化解金融风险作为首要任务。市场主体要回归支付业务本源,严守支付领域系统性风险底线。

◼ 制度建设持续推进

支付经济的发展离不开支付规范体系建设,如前文提到《条码支付业务规范(试行)》、中国支付清算协会制定的《支付技术产品认证自律管理规则》和《支付技术产品

---

❶ "一行三会":2018 年国家机构改革前国内金融界对中国人民银行、中国银行业监督管理委员会、中国证券监督管理委员会和中国保险监督管理委员会这四家中国的金融监管部门的简称,此种叫法最早起源于 2003年,一行三会构成了中国金融业分业监管的格局。一行三会均实行垂直管理。

❷ "一委一行两会":一委一行两会的金融监管框架包括国务院金融稳定发展委员会(金稳委)、中国人民银行(央行)、中国银行保险监督管理委员会、中国证监会。

认证目录》、央行发布的《云计算技术金融应用规范技术架构》等都是与支付相关的规范标准。未来，一些重要的制度规范还将继续落地。

■ 基础设施发力增速

2018 年起，金融基础设施建设不断推进，为金融科技的发展奠定了基础，其中最具代表性的便是网联和信联（个人信用信息平台）的落地生根。

2019 年 11 月，人民银行公布了"双 11"当日网联、银联处理网络支付业务的数据。数据显示，网联、银联共处理网络支付业务 17.79 亿笔、金额 14820.70 亿元，同比分别增长 35.49%、162.60%。其中网联平台处理跨机构支付交易笔数 15.4 亿笔，交易金额 11640.7 亿元，跨机构交易处理峰值出现在 0 时 3 分 44 秒，峰值超过 7.15 万笔 / 秒。●

需要注意的是，不管是网联还是信联，都是采用官方主导、市场参与、股份化结构模式，由政府和监管方掌握、控制，社会化力量参与建设。

● 央行首次披露双 11 数据：全国人均花逾 1000 元 [EB/OL].(2019-11-13)[2020-09-15]. https://new.qq.com/omn/20191113/20191113A03FXJ00.html.

　　"以钉钉子的精神切实抓好落实，一张蓝图干到底。"这是中国人民银行在2019年8月发布的《金融科技（FinTech）发展规划（2019—2021年）》所提及的一句话。

　　其实对支付机构，特别是第三方支付机构来说何尝不是这样：以钉钉子的精神落实合规，围绕一张融合时代与政策的发展蓝图干到底。

2

技术人性化

> 　　计算机的普及和发展，AI 的应用和渗透，生物工程的一系列突破……环顾四周，满目皆是科技带来的巨大改变。
>
> 　　然而，2018 年，以支付宝年度账单事件和 Facebook 的数据泄露门事件为代表，我们也感到了忧虑：我们日益依赖的电脑技术，也许就是网络幽灵窃取隐私威胁我们的最好工具；我们有理由担心，自己的生物特征、个人信息是否会被宵小鼠辈、邪恶狂徒利用；我们忙着互联网消费、网络社交，也正在现实中日益冷漠和麻木……
>
> 　　技术带来的不只有美好，也有善恶的转化，技术不再只是工具，也在和人进行较量。

　　不管承认与否，人类已经乘上了科技这趟快车，从生到死、从物质到精神、从个人到国家、从生产到生活，一切的一切都深深地依赖着各种技术。

支付领域一定程度上是高新技术爆发的前沿阵地，支付方式变革、业务能力拓展、信息数据共享等让我们时刻感受着来自技术的冲击；但信息泄露、黑客攻击、身份盗用等也让我们无比清晰地感受着来自技术的威胁。

我不会像悲观者那般将技术视为潘多拉的魔盒，将技术定性为"恶"的；不会像乐观者那样坚信一切皆是由于技术还不够发达，技术终是"善"的；也不会将技术视为双刃剑，而要看执剑者是谁。技术本无所谓"善恶"，若要探讨起它的是非曲直，我认为最本质的一个问题——人性！

人性是作为人的属性，包括自然属性和社会属性，是复杂的，蕴含着无限的丰富性、复杂性、多样性和独特性。随着技术向人类生活各方面逐步深入地渗透，技术已经越来越深刻地触及了人性，技术会以人类意想不到的方式从各个方面带来威胁，人性正在"技术化"。

一方面，技术和先进的工具极大地扩展和延伸了人体机能，能够帮助人类突破生命本身的限制，如计算机突破了人脑的计算极限，汽车、飞机突破了人类的速度极限，现代医学正在突破人类的寿命极限——但是现实也告诉我们，文明越进步、技术越发达，人类自身越脆弱，人类一旦失去了技术的保护甚至无法生存。

另一方面，技术的使用、发展和进步正在日益改变着我们的生活习惯、生活方式，影响着我们的精神和意志，甚至触及灵魂，我们的一切被技术安排着、引导着，虽有着很好的生活和娱乐，却是消极、被动、没有感情的，而这种变化又因其隐秘性容易被忽略，这也是技术对人和人类社会最深刻也最危险的异化。

从这个角度我们也可以看出，技术不单是我们实现目的的工具或手段，其本身也已经参与到自然、现实和世界的构造和建立中，构成了维持我们与自身所处世界的关系类型。技术与人类的关系早已无法分割，二者真正的矛盾点在于"统治"地位的争夺。

另外，人类对技术的态度一直都是复杂矛盾的：我们既想掌握它，又被它震慑；既想防范它，又被它异化；既想争夺"统治权"，又害怕被"反统治"。

于是人类总想站在造物主的角度，企图赋予技术相应的"定律"或"规则"。

最具代表性的是70多年前，科幻作家阿西莫夫提出的著名的"机器人三定律"。

第一定律：机器人不得伤害人类个体，或者目睹人类个体将遭受危险而袖手旁观。

第二定律：机器人必须服从人类给予它的命令，当该命令与第一定律冲突时例外。

第三定律：机器人在不违反第一、第二定律的情况下要尽可能保护自己。

这三大定律似乎为人类对机器人管控开了一个好头，

也确实惊艳，启发了很多人。但是其中有着不可避免的漏洞和隐患，并不能成为 AI 的"伦理"和"物理定律"，一部科幻电影《我，机器人》早已将其演绎得足够充分。很多专家也认为这些定律并不适用于现代 AI。

如今 AI 技术已经渗透到了社会生活的各个方面，我们甚至都察觉不到它的存在，它的形态也并非 20 世纪人们所想象的"终极形态"——有胳膊有腿的机器人，而是包含了知识表达、搜索引擎算法、知识处理系统、自动程序设计等方面——AI 技术的发展还远未到达奇点，这意味着阻止 AI 谋杀人类的可能是现在没必要担心的，我们更需要担心的是如何更安全地运用这些技术。

比如，支付系统中的人脸识别技术会谋杀人类的可能性非常小，缺乏职业道德的技术人员却能够设计出使用智能终端来窃取个人隐私的 AI 技术。

所以，想要让技术更好地为人类服务，原则上，需要将人性技术化转变为技术人性化；做法上，实事求是地立足现实，让技术拥有更为规范的监管规则。

■技术人性化

从技术对人异化的角度我们可以知道，技术真正的危险并非出自突发事件，而是技术是否在缓慢、渐进、无法察觉的过程中占据"统治"地位。想要在源头上防范这种局面的发生，需要将技术人性化，即通过某些措施，将技术按照正常人性的需求加以改变，让技术真正地为人类服务。

如银嘉金服，提供支付服务是为了便民利民，深耕技术是为了用户数据安全，说到底，银嘉金服所做的一切，都落在一个"人"字上。

而对于技术人性化，很多人已经做出了相关探讨。有学者认为要坚持以人为本、关注人本身的立场，强调对技术的研究和应用，进行人性化治理，具有终极的人文关怀意义；有的学者认为技术人性化当前最常见的表现形式是"公众需求、技术进步和利益三方博弈的结果"，三方中占据优势者，便会在技术研究、应用等诸多领域占据主导地位，同时另外二者会对其发挥一定的制约作用。❶

其实，我们可以将这些观点融合，为技术发展划分出一条"楚河汉界"。

执行界限——面对实际问题时，用技术解决"怎么做"，用原则解决出现差错"怎么办"，用人性解决"严格执行"。

领域界限——那些能够代替我们劳动，并能更大程度上解放人类生产力的技术，我们自然接受和欢迎，但是在直接关系到现实社会的良好秩序、人的身心和谐及人生境

---

❶ 贾丽丽.基于人性技术化与技术人性化的哲学思考[J/OL].(2014-07-21)[2020-09-15]. https://www.doc88.com/p-6816783795341. html.

界提升等根本问题时，我们不能单纯地依赖技术去实现，甚至让出主动权。应保证在技术的浪潮中人的社会性本质和精神意志特性不会退化和丧失。

■ 规范监管规则

技术并不是死的，相反在 AI 技术的加持下，更多的技术会越来越鲜活并拥有智慧，也更让人警惕、担忧。因此，很多人认为，AI 发展的下一站不是进一步开发其感知力，而是监管和规范。

如特斯拉公司 CEO 埃隆·马斯克就曾表达过这样的观点："我认为我们应该非常小心谨慎……我越来越倾向于 AI 应该被监管这个观点，包括国家层面和国际层面上的，以确保我们没有在干蠢事。"他言行合一，出资1000 万美元致力于 AI 领域的安全性研究。

虽然人类的技术发展远未达到技术奇点，但是在还未拥有有效的技术伦理、"物理定律"、防御机制时，技术开发者和使用者对技术的监管规范对人类自身的安全来说至关重要。

那么，如何规范监管？

目前社会各界人士认为我们能做的有五个关键方面。

责任落实——需要有一个特定的人来对一个自动运行体系的行为负责，这不仅仅是为了弥补制度的缺陷，也是

支付经济

为了能够提供实时反馈、监督运行结果并及时实施变革。

可解释性——需要向受到 AI 影响的人（通常是非专业人员）解释其为什么会产生这样的行为。

准确性——需要识别、监控、评估以及在条件允许的情况下减轻或者消除各种错误源。

透明度——能够对自动运行的系统所产生的结果进行测试、审查（公开或私下）、批评以及发起挑战，审计和评估的结果应该公开并给予适当解释。

公平性——合法合理使用相关数据，尊重个人隐私，这将有助于消除偏见，防止其他问题行为的产生。

不管规则的制定方式和实施方式如何，以上原则会是我们今后在技术相关的法律和工作实践中要极度重视的原则。

以当今人类的技术发展水平，关于人类与技术的爱恨情仇其实才刚刚上演。乐观也好，悲观也罢，路还是要走的，其方向只有一个：促成一个以人的解放、自由以及全面发展为最高目标的健全社会。

3

"为"与"不为"

《论语·子路》曰："不得中行而与之，必也狂狷乎。狂者进取，狷者有所不为也。"意思是：我没有办法找到遵行中庸之道的人并与之交往，只能和狂者、狷者交往。狂者敢作敢为，而狷者在做有些事时也有所顾虑。

后来《孟子》一书对其做了进一步注解："人有不为也，而后可以有为。"意思是：人要学会取舍，要懂得审时度势，对于有意义的、重要的事情要勇敢地去做，而对于不能做或暂时做不了的事也要选择不做。

于是便有了我们所熟知的"君子有所为，有所不为"，这是每一个金融从业者、每一个支付圈人士必须拥有的觉悟和行事准则。

古人说，"天下熙熙，皆为利来；天下攘攘，皆为利往"。

金融科技"忽如一夜春风来"，行业转型大势所趋，很多人或迫不及待或身不由己地进入风口，于是但凡与金融科技沾边的从业者都想趁着这股"春风"扶摇直上。

然而古人又说,"罪莫大于可欲,祸莫大于不知足,咎莫大于欲得"。

2018年对于各行从业者来说可谓刻骨铭心:P2P平台"踩雷",民营金控违法,金融机构资管及支付业务违规……莫不令人震惊、警惕。但我们又无法忽视云计算、大数据、AI等技术的日益成熟,智能风控已经在金融、支付行业兴起,监管部门在严监管的态势下也积极给予了肯定、引导和支持——中国俨然是全球移动支付和金融科技的领跑者。

一边是让人欲罢不能的风口和市场,一边又是"血"的教训,金融从业者要何去何从?

相信很多同行都听过一句话:"实业强国,金融误国。"

"金融误国"出自荷兰首相马克·吕特。他在《领导者》一书中描述了这样一个历史事实:17世纪的荷兰造船业和航运非常发达,凭借强悍的实业实力荷兰有了"海上马车夫"的头衔。然而富裕的荷兰人越来越热衷于通过房贷、贸易等方式迅速获得大量金钱,在尝到了金融资本运作的甜头后,人们越来越懒,变得急功近利,放下了曾引以为傲的实业,最终荷兰日益没落,海上霸主地位被英国取代。

中国从古至今都信奉"天道酬勤",相信努力工作就会有收获。但是资本运作的出现似乎打破了这种"信仰"。

　　自改革开放以后，一些原本靠着制造业起家的人尝试加入了一场名为资本的全球博弈游戏。他们惊奇地发现，这是一个不需要几十年甚至几代人努力奋斗就能挣到钱的行当，不需要技术、不需要经验，只需要你有钱、有投资眼光、知晓金融的运作模式。金融行业也确实有些"浮夸"，以小博大、资金套现是最为典型的表现，很多人不再愿意踏踏实实去做实业，而是更愿意去利用资本的杠杆套取更多的利益。

　　过去十几年，中国金融业发展迅猛，从增加值占比来看，金融业增加值占 GDP 的比重从 2007 年的 5.62% 快速提高到 2017 年的 7.95%。它就像一根金手指，被它点中的产业都会有蓬勃的发展潜力。金融不断地点中新技术、新商业模式、新思想，让中国经济、社会出现了翻天覆地的变化。

　　于是我们对金融有一种很复杂的矛盾心态，一方面享受着金融带来的便捷与舒适，充分感受着金融给生活、经济带来的改变，在个人发展、择业方面认为其"前途无量"，纷纷涌入了这个行业。另一方面又对金融行业抱有"偏见"。

　　其实，说到底金融只是一个行业，和其他行业一样，有自己的规则和底线。积极或消极不仅在于国家的把控，也在于每一个金融从业者、每一家金融企业的自觉和努力，考验的是个人良知和行业道德。

个人，无问西东，问初心！行业，无关技术，在道德！

一个人有欲望，有私利，也一定会有初心。

如马云创业是为了"让天下没有难做的生意"；马化腾创业是受时代浪潮和深圳"拓荒牛"精神的感召；柳传志创业是为了看看自己的能力，体现自己的人生价值……初心会是你最好的商业计划书，你要做好谋划、想好未来、扪心自问、考虑当下、规定红线，如若初心不变，则做人、做事的底线不变。

一个行业有利益，有竞争，也一定要有社会责任！

如 2020 年新冠肺炎疫情期间，举国关注、全力防控。支付行业也积极投身于防疫抗疫工作之中。为了缓解中小商家经营压力，微信支付携手"微保"推出"新冠肺炎中小商家保障"；腾讯建立"复学码"，建立学校电子健康系统；支付宝利用自身平台优势，推出"疫情服务直通车"，6 亿人在"无接触"办事，减少出门 9000 万次；银嘉金服作为一家大型集团企业，充分调动各地分公司，在做好自身安全防疫的同时，通过个人捐款、物资捐赠、街头派发防疫口罩等实际行动助力打赢这场疫情防控战；其他第三方支付机构也通过免除手续费、免费布放机具、对受影响严重的商家客户采用"返还＋减免"方式提供强力保障……

不管从历史还是逻辑的角度分析，企业都是一种社会组织，作为社会组织必然具备社会价值，必然需要承担社会责任，支付行业也是如此。

另外，各行业的性质、社会作用、社会责任、服务对象和服务手段不同，因而每一行都有各自的职业道德规范。而金融虽然时刻与"钱"打交道，但正如2012年诺贝尔经济学奖得主罗伯特·席勒在其《金融与好的社会》中所言："金融并非'为了赚钱而赚钱'，金融的存在是为了帮助实现其他的目标，即社会目标。"它不同于其他行业，不仅关乎个人、企业、国家切身的经济利益，更处于一种被监管的状态之中，因此其道德要求比其他行业更高、更迫切。

今天我们通过互联网更为轻易地汲取人类的一切优异文明成果，有利于社会主义新文明的建立，但是市场纷繁复杂，金融行业更是时刻充满着诱惑，行业道德缺失必然加剧潜在风险。

对于支付行业来说，道德风险主要来源于以下几个方面。

金融冒险，如盲目涉足金融项目、高杠杆衍生品，产品无限延长信用链、不断升高虚拟性。

唯利是图，如投机、数据造假、买卖信息。

制度不健全，如高薪激励离开了合理边界，产权关系模糊。

管理缺陷，如规章制度没有严格执行，规则歪曲，员工不能严格要求自己。

合规意识淡薄，如无照经营、违规操作、与用户建立违规利益关系。

这已经不单单是个人道德修养和职业素养方面的问题，也反映出行业战略的问题。因此，作为资深金融从业者，作为支付企业掌舵者，越是有利可图，越不能唯利是图；越是有能力，越要初心不改。时代洪流之中我们不能胡作非为，也不能碌碌无为，而应有所为，有所不为。

■ 善用"战略定力"，有所为

支付经济发展 10 余年，便民、利民，千万从业者的生命与青春挥洒其中，不负韶华。也正因此，支付行业仍有人思考着、探索着，秉持着初心，希望带领所在机构，借助时代的东风，蹚出一条阳光灿烂的大道，为社会、为行业、为自己寻找到价值所在。而目前支付经济的市场和时代发展，正是探索者展露之机，有所为方不负时代的馈赠和生而为人的价值。

那么，该怎么有所为？运用"战略定力"！

不管是产业互联网还是金融科技，支付行业都迎来了转型。可是吐故纳新怎么可能没有阵痛、没有风险？更何况金融又是一个如此敏感的领域。此时就要我们理性地看待全局，坚定"战略定力"体现在以下四个方面。

"定"最坏的可能性。将困难想得充分一些，把风险估得严重一些，这并非自己吓自己，而是在给自己设置好行业底线（特别是政策底线），做好更为全面的风险防控。

"定"在"定力"。"乱云飞渡仍从容"，面对多样化的利益诉求、多样化的价值诉求、多样化的行为模式，不盲目跟风、不贪婪扩张，而是脚踏实地地从做好服务经济实体出发。

"定"在创新。利用自身优势，从分类企业的生产经营需求出发，以业务流程为核心，以支付服务为入口模块，打造真正的垂直应用 To B 服务，把支付服务当作增值的"0"，将数据赋能当作核心价值的"1"，在合规的基础上创新业务体系，逃离成本竞争的泥沼，飞升到新的市场空间。

"定"在使命担当。习近平总书记在讲改革的时候说："比认识更重要的是决心，比方法更关键的是担当"[1]，要直面风险、挑战，不麻木不仁、不讳疾忌医、不得过且过，努力争取最好的结果，回馈社会。

《大学》里说："知止而后有定，定而后能静，静而后能安，安而后能虑，虑而后能得。"只有"有为"才能"开拓"，只有善用"战略定力"，才能在时代发展中下好先手棋、把握主动权。

---

[1] 易炼红. 人民日报：做有决心有担当的改革实干家[EB/OL]. (2017-06-28)[2020-09-15].http://opinion. people.com.cn/n1/2017/0628/c1003-29366992. html.

■ 守住"良知底线"，有所不为

当今社会的种种诱惑以及人身机遇的矛盾、沉浮，让一些人浮躁、慌乱、冲动、迷失，很容易丧失理智和底线。而不管是道德、情感，还是社会规则、国家法律，良知底线是最低标准，需要我们凭感念之心、羞耻之心、正义之心恪守底线：

违法乱纪之事不做；

弄虚作假之事不做；

损人利己之事不做；

不忠不义之事不做。

如果法律的底线能保证我们每一个人的身体自由和行为自由，那么良知的底线则能让我们的灵魂自由。因此这"四不做"是最起码要遵守的规则，做到这四点，身才会安，心才会静，才能真正毫无压力地聚焦于自己的事业。

诺贝尔经济学家科斯在和王宁先生共著的《变革中国》中表达了如下观点。中国改革事实上是一种"二元并行"的状态，在中国共产党领导下的中国存在着两种改革：一种是由官方领导和发起，另一种是由底层民众自发形成的改革，即"边缘革命"。

也就是说，中国所有的改革创新都是政府自上而下与民众自下而上，涓涓细流，最终汇流成海，成就中国力量。作为人民的一员，我们应感到骄傲，更应意识到责任和担当，在"为"与"不为"之间做好"纷繁世事多元应，击鼓催征稳驭舟"。

后 记

　　我一直心怀感恩，庆幸自己生逢其时，赶上了一个美好的时代，亲身经历并见证了中国商业逻辑的进化和演变。

　　创业伊始，我从事的是与金融毫无关系的建筑工程行业。得益于国民经济的高速发展，以及城市化进程加快，整个建筑行业迎来了全新爆发，为此，我也靠着自己的创业拼搏完成了第一笔原始资本的积累。

　　然而，互联网兴起，这个世界的规则被改写，新的商业机遇正在呈现。

　　2003 年，中国第三方支付起步，阿里巴巴在淘宝网上首次推出支付宝服务，这也预示着中国逐渐步入消费新商务时代。在日常消费中，我发现和传统支付形式相比，网络支付具有快捷、方便、高效、经济的优势，通过互联网，用户可以在很短的时间完成支付过程。当时，我就隐约洞察到这一领域有可能会成为下一个风口：随着互联网的高速发展，网络购物、金融信息、便利支付都会和互联网连通，几者一旦整合，产生的能量一定是惊人的，它必将影响和改变整个社会生活，并直接服务于广大民众。

果然，2005 年到 2013 年，第三方支付企业集中爆发且影响力逐渐增大，国家也陆续发布了一系列相关政策，积极鼓励、引导和规范，中国支付市场正式开启逆袭之路。在此期间，我们公司在国内推出了首个可以通过手机自助刷卡形式实现金融服务的金融机具，成为中国首家能够面向企业和个人提供移动支付服务的机构。同时采取了一系列重要的举措，包括扁平化战略的实施和城市服务商计划的快速落地。

然而很快消费再升级、竞争激烈、新技术崛起，消费互联网过渡到产业互联网，市场完成了一次大浪淘沙，人们的需求升级为如何找到好产品或属于自己的产品。我们相信未来还会有更多的平台诞生，未来无论做什么都会有其他产品跳出来比我们的更便宜。这在支付领域也是一样的。我一直认为，打价格战不过是一种无谓的消耗，未来支付最好的出路是用无形的服务来赚钱。就像本书前面分析的那样："今天的支付在进入一个新技术、新金融、新体系、新格局后，支付收益特别是第三方支付收益呈现多元化趋向，包含了服务、互联网金融、大数据赋能、征信服务等方面的收益。"

也就是说，我们需要懂得给自己设置"隐形"的利润路径，通过服务给支付增值，大体有两个方向：

纵深化，就自身的技术特点、服务优势做到极致，越来越聚焦，越来越专业，引领行业不断细分；

定制化，给用户量体裁衣，特别是 B 端用户，走个性化支付解决方案路线，而不再是整齐划一"一刀切"模式。

另外，信息的高度发达及社交媒体的发展让我们进入了"弱信息强关系"的时代，加上技术的加持，"强关系强连接"将会被进一步强化。而"强关系强连接"的背后是互信。我们要以服务取信于用户、聚拢用户，也要以服务激发用户的"强关系"效用，带来更多的精准用户。

除了这些，我们还需时刻记住：世界上任何一个仅仅由组织体系组成的企业，生命力都是有限的，都会随着市场因素、经济因素、政治因素或企业内部因素而终结。要让企业始终拥有无限的生命力就必须在组织体系之上建立文化体系，增强文化凝聚力和号召力。就像有人说的那样：为钱而战的雇佣兵只能短期作战，只有为信仰而战的部队才能创造奇迹。

未来已来，我们相信预期的力量，相信趋势的力量，相信支付的力量。支付是如此敏感而前沿的领域，我们要将文化建立在原则的基础上，并以中国优秀文化为底色，在时代发展浪潮中奔涌向前，拥有视品牌为生命的经营理念。我们有激情，更有理性，我们从每一次的市场蜕变中汲取力量，从每一次的政策激励中塑造希望，从每一个时代的"音阶"中聆听未来。这是我们共同的命运与前程，会是我们对自己、对国家、对社会的负责、致敬与祝福！

最后，感谢大家阅读此书。这本书一方面算是我对自身行业经历和认知的一次梳理，另一方面也希望能够带给读者一些启发。

免责声明

凡书中涉及的案例以及投资的标的物，只作为我们研究并发现问题的依据，如果据此投资而造成损失，后果自负。

在阅读本书后，欢迎您提出宝贵意见，我们将悉心聆听。同时，对支付经济，您若有任何感想，也请您写出来，发给我们，我们将择优发表，并给予相应的礼物。